MW01355331

Made in the USA
Coppell, TX
02 September 2020

קיצור חמישה חומשי תורה

The Chumash Outline and Parsha Summaries: Hebrew Edition
by Rabbi Jonathan Rietti

Copyright © 2017 Rabbi Jonathan Rietti

All rights reserved. No part of this publication may be reproduced, distributed, or transmitted in any form or by any means, including photocopying, recording, or other electronic or mechanical methods, without the prior written permission of the publisher, except in the case of brief quotations embodied in critical reviews and certain other noncommercial uses permitted by copyright law. For permission requests, write to the publisher, addressed "Attention: Permissions Coordinator," at the address below.

Breakthrough Chinuch
www. BreakthroughChinuch.com
office@breakthroughchinuch.com

Ordering Information:
Quantity sales. Special discounts are available on quantity purchases by corporations, associations, and others. For details, contact the publisher at the address above.

The Chumash Outline and Parsha Summaries: Hebrew Edition
ISBN 978-1-943726-25-7
10 9 8 7 6 5 4 3 2 1
1. Religion 2. Education
First Edition

בְּרֵאשִׁית

א. בְּרִיאַת הָעוֹלָם
ב. בְּרִיאַת הָאָדָם
ג. נָחָשׁ – חֵטְא
ד. קַיִן – הֶבֶל
ה. תּוֹלְדוֹת אָדָם
ו. "אֶמְחֶה"

יום א

- שָׁמַיִם וָאָרֶץ
- אוֹר וָחֹשֶׁךְ

יום ב

- רָקִיעַ

יום ג

- אֶרֶץ
- יַמִּים
- עֵץ

יום ד

- שֶׁמֶשׁ
- יָרֵחַ
- כּוֹכָבִים

יום ה

- דָּגִים
- עוֹפוֹת
- רְמָשִׂים
- פו"ר

יום ו

- בְּהֵמָה
- אָדָם
- וְיִרְדּוּ
- צֶלֶם
- פו"ר — פְּרוּ וּרְבוּ

ב.

- וַיְכֻלּוּ
- גֶּשֶׁם - אָדָם
- בְּרִיאַת הָאָדָם וְחָוָה
- גַּן עֵדֶן
- עֵץ הַחַיִּים
- עֵץ הַדַּעַת טוֹב וָרָע
- ד׳ נְהָרוֹת
- צִוּוּי אֱלֹקִים
- לְבָדוֹ
- שֵׁמוֹת
- שֵׁנָה
- עָרוּם

- נָחָשׁ
- חָוָה אָכְלָה
- אָדָם אָכַל
- חֲגוֹרוֹת
- "אַיֶּכָּה"
- כּוֹפֵר טוֹב
- קְלָלוֹת
- וַיְגָרֶשׁ
- כְּרוּבִים

ד.

- קָרְבָּן הֶבֶל
- "לָמָּה חָרָה לָךְ..."
- קַיִן הָרַג אָחִיו
- קְלָלַת קַיִן
- חֲנוֹךְ
- עִירָד
- מְחוּיָאֵל
- מְתוּשָׁאֵל
- לֶמֶךְ
  - עָדָה ← יָבָל, יוּבָל
  - צִלָּה ← תּוּבַל קַיִן, נַעֲמָה

ה.

- תּוֹלְדוֹת אָדָם
- (2) שֵׁת 912
- (3) אֱנוֹשׁ 905
- (4) קֵינָן 910
- (5) מַהֲלַלְאֵל 895
- (6) יֶרֶד 962
- (7) חֲנוֹךְ 365
- (8) מְתוּשֶׁלַח 969
- (9) לֶמֶךְ 777
- (10) נֹחַ
  - שֵׁם
  - חָם
  - יָפֶת

ו.

- לָרֹב
- נְפִלִים
- 120
- רַק רַע כֹּל הַיּוֹם
- גְּזֵרַת "אֶמְחֶה"

נֹחַ

ו.	נֹחַ – תֵּבָה
ז.	מַבּוּל
ח.	אֲרָרָט
ט.	בְּרִית
י.	תּוֹלְדוֹת בְּנֵי נֹחַ
יא.	מִגְדָּל וְתוֹלְדוֹת נֹחַ

- שֶׁבַח
- ג׳ בָּנִים
- חָמָס
- "הִנְנִי מַשְׁחִיתָם"
- תֵּבָה
- קִנִּים
- 300 X 50 X 30
- צֹהַר
- פֶּתַח
- ג׳ קוֹמוֹת
- זָכָר 1 נְקֵבָה 1

- ז׳ זוּגוֹת אִישׁ וְאִשְׁתּוֹ
- ב׳ זוּגוֹת טְמֵאוֹת
- ז׳ זוּגוֹת עוֹפוֹת זָכָר וּנְקֵבָה
- מַבּוּל
- 40
- וַיִּמַח אֶת כָּל הַיְקוּם
- 150

ח.

- אֲרָרָט
- עֹרֵב
- יונה I II III
- "צֵא מִן הַתֵּבָה"
- וַיָּרַח ה' אֶת רֵיחַ הַנִּיחֹחַ
- וַיִּבֶן נֹחַ מִזְבֵּחַ
- קֹר וָחֹם

ט.

- פו"ר
- מוֹרַאֲכֶם
- בָּשָׂר
- דָּם
- "אֶדְרֹשׁ אֶת הַנֶּפֶשׁ"
- פו"ר
- "וְלֹא יִהְיֶה עוֹד מַבּוּל"
- "אוֹת בְּרִית... אֶת קַשְׁתִּי"
- וַיִּטַּע כֶּרֶם
- וַיִּשְׁכָּר
- אָרוּר כְּנָעַן
- בִּרְכַּת שֵׁם וְיָפֶת
- מִיתַת נֹחַ 950

י.

- תּוֹלְדוֹת נֹחַ
- בְּנֵי יָפֶת
- בְּנֵי חָם
- נִמְרֹד
- בְּנֵי שֵׁם

יא.

- שָׂפָה אַחַת
- הַמִּגְדָּל
- הֱפִיצָם ה׳ עַל פְּנֵי כָּל הָאָרֶץ
- תּוֹלְדוֹת שֵׁם
- (11) שֵׁם 600
- (12) אַרְפַּכְשָׁד 438
- (13) שֶׁלַח 433
- (14) עֵבֶר 464
- (15) פֶּלֶג 239
- (16) רְעוּ 239
- (17) שְׂרוּג 230
- (18) נָחוֹר 243
- (19) תֶּרַח 205
  - (20) אַבְרָם = שָׂרָי
  - נָחוֹר = מִלְכָּה
  - הָרָן
- וַיֵּצְאוּ מֵאוּר כַּשְׂדִּים
- וַיָּמָת תֶּרַח 205

לֶךְ לְךָ

יב. לֶךְ לְךָ, רָעָב, מִצְרַיִם, פַּרְעֹה יג. לוֹט – סְדוֹם יד. מִלְחָמָה טו. בְּרִית בֵּין הַבְּתָרִים טז. הָגָר יז. בְּרִית מִילָה

יב.

- "לֶךְ לְךָ"
- "וְאֶעֶשְׂךָ לְגוֹי גָּדוֹל"
- "וַאֲבָרֶכְךָ"
- 75
- הַבְטָחַת א"י לב"י
- מִזְבֵּחַ – שְׁכֶם
- בֵּית-אֵל
- מִזְבֵּחַ – בֵּית-אֵל
- רָעָב
- מִצְרַיִם
- "אֲחוֹתִי אָתְּ"
- הֶעֱשִׁיר פַּרְעֹה אֶת אַבְרָהָם
- וַיְנַגַּע ה' אֶת פַּרְעֹה
- "קַח וָלֵךְ"

יג.

- נֶגֶב
- מְרִיבַת אַבְרָהָם וְלוֹט
- לוֹט – סְדוֹם
- הַבְטָחַת הָאָרֶץ לְזַרְעוֹ לְעוֹלָם
- הַבְטָחַת "זַרְעֲךָ כַּעֲפַר הָאָרֶץ"
- קִנְיָן א"י
- חֶבְרוֹן – אֵלֹנֵי מַמְרֵא – מִזְבֵּחַ

יד.

- 5 מְלָכִים עָשׂוּ מִלְחָמָה עִם 4
- הֲצָלַת לוֹט
- מַלְכִּי-צֶדֶק בֵּרֵךְ אֶת אַבְרָהָם

טו.

- מַחֲזֶה
- "שְׂכָרְךָ הַרְבֵּה מְאֹד"
- "וְאָנֹכִי הוֹלֵךְ עֲרִירִי!!"
- "כֹּה יִהְיֶה זַרְעֶךָ"
- "בַּמָּה אֵדַע?"
- ג' עֵגֶל
- ג' עֵז
- ג' אַיִל
- א' תּוֹר
- א' גּוֹזָל
- בְּרִית בֵּין הַבְּתָרִים
- תַּרְדֵּמָה
- עַבְדוּת 400 שָׁנָה
- שֵׂיבָה טוֹבָה
- דּוֹר ד' יָשׁוּבוּ לְא"י

טז.

- הָגָר
- הָגָר בָּרְחָה
- מַלְאָךְ
- "הַרְבָּה אַרְבֶּה אֶת זַרְעֵךְ וְלֹא יִסָּפֵר מֵרֹב"
- "וְקָרָאת שְׁמוֹ יִשְׁמָעֵאל – פֶּרֶא אָדָם"
- יִשְׁמָעֵאל (אַבְרָהָם 86)

יז.
- 99
- "ה" אַבְרָהָם
- הַבְטָחַת ה' לִהְיוֹת לוֹ לֵאלֹקִים
- הַבְטָחַת א"י לַאֲחֻזַּת עוֹלָם
- מִצְוַת בְּרִית מִילָה   בְּרִית מִילָה
- "ה" שָׂרָה
- הַבְטָחַת בֵּן לְשָׂרָה
- ה' בֵּרֵךְ אֶת יִשְׁמָעֵאל
- בְּרִית אַבְרָהָם 99
- בְּרִית יִשְׁמָעֵאל 13

וַיֵּרָא

יח. ג׳ אֲנָשִׁים
יט. סְדוֹם – לוֹט
כ. אֲבִימֶלֶךְ
כא. לֵידַת יִצְחָק
כב. עֲקֵידָה

יח.
- שֶׁמֶשׁ
- ג׳ אֲנָשִׁים
- וַתִּצְחַק שָׂרָה
- 50, 45, 40, 30, 20, 10

יט.
- ב׳ מַלְאָכִים
- גָּפְרִית וָאֵשׁ
- בְּנוֹת לוֹט – מוֹאָב – בֶּן עַמִּי

כ.
- אַבְרָהָם – נֶגֶב
- "אֲחוֹתִי הִיא"
- אֲבִימֶלֶךְ

כא.
- יִצְחָק נוֹלַד
- גֵּרוּשׁ הָגָר וְיִשְׁמָעֵאל
- מַלְאָךְ
- בְּרִית עִם אֲבִימֶלֶךְ

כב.
- עֲקֵידָה
- רִבְקָה

חַיֵּי שָׂרָה

כג. חַיֵּי שָׂרָה
כד. שִׁדּוּךְ
כה. בְּנֵי קְטוּרָה

כג.

- חַיֵּי שָׂרָה 127
- קִנְיַן מְעָרַת הַמַּכְפֵּלָה
- קְבוּרַת שָׂרָה

כד.

- ה׳ בֵּרַךְ אֶת אַבְרָהָם בַּכֹּל
- שְׁבוּעַת אֱלִיעֶזֶר
- שִׁדּוּךְ
- אֹהֶל שָׂרָה

כה.

- וַיִּקַּח קְטוּרָה
- בְּנֵי קְטוּרָה
- יְרוּשַּׁת יִצְחָק
- וַיָּמָת אַבְרָהָם 175
- קְבוּרַת אַבְרָהָם
- בְּנֵי יִשְׁמָעֵאל
- יִשְׁמָעֵאל מֵת 137

תּוֹלְדוֹת

כה. עֵשָׂו מָכַר בְּכוֹרָתוֹ
כו. וַיַּשְׁקֵף אֲבִימֶלֶךְ
כז. הַבְּרָכָה
כח. יַעֲקֹב לְפַדָּן אֲרָם

כה.

- רִבְקָה עֲקָרָה
- תְּפִלּוֹת יִצְחָק וְרִבְקָה
- תְּאוֹמִים
- יַעֲקֹב אִישׁ תָּם
- עֵשָׂו מָכַר בְּכוֹרָתוֹ

כו.

- רָעָב
- "אַל תֵּרֵד מִצְרָיְמָה"
- בְּרָכָה לְיִצְחָק
  - "אֶהְיֶה עִמְּךָ"
  - יְרוּשַּׁת הָאָרֶץ לְזַרְעוֹ
  - "וְהִרְבֵּיתִי אֶת זַרְעֲךָ כְּכוֹכְבֵי הַשָּׁמַיִם"
  - "וְהִתְבָּרְכוּ בְזַרְעֲךָ כֹּל גּוֹיֵי הָאָרֶץ"
- וַיַּשְׁקֵף אֲבִימֶלֶךְ
- יִצְחָק עָשִׁיר
- אֲבִימֶלֶךְ אָמַר "לֵךְ מֵעִמָּנוּ"
- ג' בְּאֵרוֹת
- יִצְחָק – בְּאֵר שֶׁבַע
- ה' אָמַר "אַל תִּירָא כִּי אִתְּךָ אָנֹכִי"
- יִצְחָק בָּנָה מִזְבֵּחַ וְקָרָא בְּשֵׁם ה'
- בְּרִית עִם אֲבִימֶלֶךְ
- עֵשָׂו הִתְחַתֵּן מ' שָׁנָה

כז.

- רִבְקָה : ״וְעַתָּה בְנִי שְׁמַע בְּקֹלִי״
- בִּרְכַּת יַעֲקֹב
- בִּרְכַּת עֵשָׂו
- רִבְקָה : ״קוּם בְּרַח לְךָ״

כח.

- יִצְחָק : ״קוּם לֵךְ פַּדֶּנָה אֲרָם״
- בִּרְכַּת יִצְחָק לְיַעֲקֹב
- עֵשָׂו הִתְחַתֵּן עִם מַחֲלַת בַּת יִשְׁמָעֵאל

וַיֵּצֵא

כח. חֲלוֹם יַעֲקֹב
כט. רָחֵל וְלֵאָה
ל. בָּנִים – יוֹסֵף
לא. יַעֲקֹב בָּרַח מִלָּבָן
לב. יַעֲקֹב נִכְנַס לְא״י

כח.

- וַיֵּלֶךְ חָרָנָה
- חֲלוֹם יַעֲקֹב
- יַעֲקֹב עָשָׂה מַצֵּבָה
- יַעֲקֹב עָשָׂה נֶדֶר

כט.

- יַעֲקֹב גָּלַל אֶת הָאֶבֶן
- חֲתֻנָּה עִם לֵאָה וְרָחֵל
- בָּנִים לְלֵאָה – רְאוּבֵן, שִׁמְעוֹן, לֵוִי, יְהוּדָה

ל.

- וַיִּחַר אַף יַעֲקֹב בְּרָחֵל
- בִּלְהָה – דָּן, נַפְתָּלִי
- זִלְפָּה – גָּד, אָשֵׁר
- דּוּדָאִים
- לֵאָה – יִשָּׂשכָר, זְבֻלוּן, דִּינָה
- רָחֵל – יוֹסֵף
- יַעֲקֹב בִּקֵּשׁ לָצֵאת
- מַקְלוֹת
- יַעֲקֹב עָשִׁיר

לא.

- ה׳ אָמַר ״שׁוּב אֶל אֶרֶץ אֲבוֹתֶיךָ״
- יַעֲקֹב דִּבֵּר עִם רָחֵל וְלֵאָה בַּשָּׂדֶה
- יַעֲקֹב בָּרַח מִלָּבָן
- רָחֵל גָּנְבָה אֶת הַתְּרָפִים
- לָבָן רָדַף
- ה׳ דִּבֵּר עִם לָבָן
- תּוֹכָחַת לָבָן לְיַעֲקֹב
- וַיַּעַן יַעֲקֹב
- לָבָן עָנָה ׳הַכֹּל שֶׁלִּי׳
- גַּלְעֵד

לב.

- לָבָן חָזַר לִמְקוֹמוֹ
- יַעֲקֹב נִכְנַס לְא״י

וַיִּשְׁלַח

לב. וַיִּשְׁלַח מַלְאָכִים
לג. פְּגִישָׁתָם
לד. דִּינָה – שְׁכֶם
לה. בֵּית-אֵל "יִשְׂרָאֵל"
לו. תּוֹלְדוֹת עֵשָׂו

לב.

- שְׁלוּחֵי יַעֲקֹב
- חֲצִי מַחֲנֶה
- "הַצִּילֵנִי נָא מִיַּד אָחִי"
- תְּפִלָּה
- מִנְחָה עֵדֶר עֵדֶר
- מַעֲבַר יַבֹּק
- מַלְאָךְ שֶׁל עֵשָׂו
- גִּיד

גִּיד

לג.

- פְּגִישָׁתָם
- עֵשָׂו – "יֵשׁ לִי רָב"; יַעֲקֹב – "יֵשׁ לִי כֹל"
- עֵשָׂו – שֵׂעִיר
- יַעֲקֹב – סֻכּוֹת
- יַעֲקֹב קָנָה שְׁכֶם (מִיַּד בְּנֵי חֲמוֹר לְמֵאָה קְשִׂיטָה)

לד.

- דִּינָה עִם שְׁכֶם בֶּן חֲמוֹר
- וַיַּהַרְגוּ כָּל זָכָר
- יַעֲקֹב כָּעַס עַל שִׁמְעוֹן וְלֵוִי

לה.

- ״קוּם עֲלֵה בֵית-אֵל״
- וַיִּבֶן שָׁם מִזְבֵּחַ
- וַתָּמָת דְּבוֹרָה
- יַעֲקֹב ← ״יִשְׂרָאֵל״ וְהַבְטָחַת יְרוּשַׁת א״י
- בִּנְיָמִין
- וַתָּמָת רָחֵל
- רְאוּבֵן – בִּלְהָה
- יִצְחָק מֵת 180

לו.

- תּוֹלְדוֹת עֵשָׂו
- מַלְכֵי אֱדוֹם

וַיֵּשֶׁב

לז.	מְכִירַת יוֹסֵף
לח.	יְהוּדָה וְתָמָר
לט.	יוֹסֵף בְּבֵית פּוֹטִיפָר וּבְבֵית הַסֹּהַר
מ.	חֲלוֹמוֹת שַׂר הָאֹפִים וְשַׂר הַמַּשְׁקִים

לז.

- 17 רוֹעֶה צֹאן
- נַעַר אֶת בְּנֵי בִלְהָה וְזִלְפָּה
- לשה״ר
- כְּתֹנֶת פַּסִּים
- חֲלוֹם #1 – ״וַתִּשְׁתַּחֲוֶיןָ לַאֲלֻמָּתִי״
- חֲלוֹם #2 – י״א כּוֹכָבִים
- יַעֲקֹב שָׁלַח אֶת יוֹסֵף לִשְׁכֶם
- ״וְנַהַרְגֵהוּ״
- רְאוּבֵן הִצִּילוֹ
- מָכְרוּ לַיִּשְׁמְעֵאלִים 20 כֶּסֶף
- יַעֲקֹב מִתְאַבֵּל
- הַמִּדְיָנִים מָכְרוּ לְפוֹטִיפָר

לח.

- יְהוּדָה וְחִירָה
- יְהוּדָה הִתְחַתֵּן עִם בַּת שׁוּעַ
- עֵר
- אוֹנָן
- שֵׁלָה
- עֵר מֵת
- אוֹנָן מֵת
- תָּמָר כְּאַלְמָנָה

- אֵשֶׁת יְהוּדָה מֵתָה
- יְהוּדָה – תָּמָר – "צָדְקָה מִמֶּנִּי"
- תְּאוֹמִים
- פֶּרֶץ
- זֶרַח

לט.

- יוֹסֵף הָיָה הַפָּקִיד עַל בֵּית פּוֹטִיפָר
- אֵשֶׁת פּוֹטִיפָר
- בֵּית הַסֹּהַר

מ.

- שַׂר הַמַּשְׁקִים וְשַׂר הָאֹפִים
- חֲלוֹמוֹת
- יוֹם הֻלֶּדֶת פַּרְעֹה
- שַׂר הָאֹפִים נִתְלָה
- שַׂר הַמַּשְׁקִים שָׁכַח אֶת יוֹסֵף

מִקֵּץ

מא.	מִשְׁנֶה לַמֶּלֶךְ
מב.	אֲחֵי יוֹסֵף בָּאוּ
מג.	חָזְרוּ עִם בִּנְיָמִין
מד.	גָּבִיעַ

מא.

- חֲלוֹם פַּרְעֹה #1 – ז׳ פָּרוֹת
- חֲלוֹם פַּרְעֹה #2 – ז׳ שִׁבֳּלִים
- פִּתְרוֹן יוֹסֵף
- עֲצַת יוֹסֵף
- מִשְׁנֶה לַמֶּלֶךְ
- אָסְנַת
- אֶפְרָיִם וּמְנַשֶּׁה
- רָעָב

מב.

- וַיֵּרְדוּ אֲחֵי יוֹסֵף
- ״מְרַגְּלִים אַתֶּם״
- שִׁמְעוֹן בְּבֵית הַסֹּהַר
- $ בְּשַׂקֵּיהֶם
- ״ב׳ בָּנַי תָּמִית״

מג.

- הַבְטָחַת יְהוּדָה
- יַעֲקֹב הִסְכִּים
- מִנְחָה
- כֶּסֶף
- תְּפִלָּה
- אֲחֵי יוֹסֵף חָזְרוּ
- אֶפְרָיִם אָמַר שֶׁהַכֶּסֶף שֶׁלָּהֶם
- יוֹסֵף רָאָה בִּנְיָמִין
- אָכְלוּ בְּיַחַד

מד.

- יוֹסֵף צִוָּה לְהַטְמִין אֶת הַכֶּסֶף וְאֶת הַגָּבִיעַ
- רָדַף אַחֲרֵי אַחֵי יוֹסֵף
- וַיִּמָּצֵא הַגָּבִיעַ בְּאַמְתַּחַת בִּנְיָמִין
- יוֹסֵף רָצָה לָקַחַת אֶת בִּנְיָמִין לְעֶבֶד

וַיִּגַּשׁ

מד. בַּקָּשַׁת יְהוּדָה
מה. אֲנִי יוֹסֵף
מו. יַעֲקֹב – יוֹסֵף
מז. יוֹסֵף מַעֲשִׁיר אֶת פַּרְעֹה

מד.

- בַּקָּשַׁת יְהוּדָה

מה.

- "אֲנִי יוֹסֵף!!!"
- הַכֹּל הָיָה הַשְׁגָּחַת ה'
- יוֹסֵף שָׁלַח עֲגָלוֹת
- "עוֹד יוֹסֵף חַי"

מו.

- יַעֲקֹב בָּא לִבְאֵר שֶׁבַע
- הַבְטָחַת ה' שֶׁיִּהְיֶה לְגוֹי גָּדוֹל
- "אָנֹכִי אֵרֵד עִמְּךָ..."
- מִשְׁפַּחַת יַעֲקֹב 70
- יְהוּדָה הָלַךְ לְפָנָיו
- יַעֲקֹב – יוֹסֵף
- וַאֲמַרְתֶּם "אַנְשֵׁי מִקְנֶה הָיוּ עֲבָדֶיךָ"

מז.

- פַּרְעֹה דִּבֵּר עִם 5 אֲחֵי יוֹסֵף
- פַּרְעֹה נָתַן לִב"י אֶת אֶרֶץ גֹּשֶׁן
- וַיְבָרֶךְ יַעֲקֹב אֶת פַּרְעֹה
- "כַּמָּה יְמֵי שְׁנֵי חַיֶּיךָ"
- יַעֲקֹב בֵּרֵךְ אֶת פַּרְעֹה שֵׁנִית
- יוֹסֵף נָתַן לֶחֶם לְכָל מִשְׁפַּחְתּוֹ

- יוֹסֵף לִקֵּט אֶת כָּל כֶּסֶף מִצְרַיִם וּכְנַעַן
- יוֹסֵף קָנָה אֶת כָּל מִקְנֵיהֶם
- יוֹסֵף קָנָה אֶת כָּל שְׂדֵיהֶם
- הַמִּצְרִים מָכְרוּ אֶת עַצְמָם
- יוֹסֵף הֶעֱבִיר אֶת הַמִּצְרִים מִמְּקוֹמָם
- אַדְמַת הַכֹּהֲנִים לֹא קָנָה
- עָשָׂה מַס 1/5 הַתְּבוּאָה לְפַרְעֹה עַד עוֹלָם
- ב"י פָּרוּ וְרָבוּ מְאֹד

וַיְחִי

מז.	שְׁבוּעָה לִקְבֹּר בְּחֶבְרוֹן
מח.	בִּרְכַּת אֶפְרַיִם וּמְנַשֶּׁה
מט.	בִּרְכַּת י״ב שְׁבָטִים
נ.	יַעֲקֹב וְיוֹסֵף מֵתוּ

מז.

- 17
- 147
- יוֹסֵף נִשְׁבַּע לִקְבֹּר אֶת אָבִיו בְּחֶבְרוֹן

מח.

- יַעֲקֹב חוֹלֶה
- יַעֲקֹב בֵּרֵךְ אֶפְרַיִם לִפְנֵי מְנַשֶּׁה
- יַעֲקֹב נָתַן שְׁכֶם לְיוֹסֵף

מט.

- בִּרְכַּת י״ב שְׁבָטִים
- צִוָּה אוֹתָם לְקָבְרוֹ בְּחֶבְרוֹן
- יַעֲקֹב מֵת

.

- יוֹסֵף בּוֹכֶה עַל אָבִיו
- צִוָּה הָרוֹפְאִים לַחֲנְטוֹ 40 יָמִים
- מִצְרַיִם מִתְאַבְּלִים 70 יָמִים
- פַּרְעֹה נָתַן רְשׁוּת לְיוֹסֵף לִקְבֹּר אֶת אָבִיו
- לְוָיָה
- קְבוּרָה
- יוֹסֵף מַבְטִיחַ אֶת אֶחָיו
- יוֹסֵף רָאָה בְּנֵי בָנִים
- נִשְׁבְּעוּ אֲחֵי יוֹסֵף לְהַעֲלוֹת אֶת עַצְמוֹתָיו מִמִּצְרַיִם
- ״פָּקֹד יִפְקֹד״
- וַיָּמָת יוֹסֵף 110
- וַיַּחַנְטוּ אוֹתוֹ

שְׁמוֹת

א.	ג׳ גְּזֵרוֹת
ב.	מֹשֶׁה – יְאֹר
ג.	סְנֶה – שְׁלִיחוּת
ד.	שְׁלִיחוּת – מֹשֶׁה חוֹזֵר לְמִצְרַיִם
ה.	תֶּבֶן
ו.	״עַתָּה תִרְאֶה״

א.

- שְׁמוֹת
- אֲחֵי יוֹסֵף מֵתוּ
- ב״י פו״ר
- מֶלֶךְ חָדָשׁ
- גְּזֵרָה א׳ – עֲבוֹדַת פֶּרֶךְ
- ב״י כֵּן יִרְבֶּה
- גְּזֵרָה ב׳ – הַמְיַלְּדוֹת
- שְׂכַר הַמְיַלְּדוֹת
- גְּזֵרָה ג׳ – ״כָּל הַבֵּן הַיִּלוֹד הַיְאֹרָה תַּשְׁלִיכֻהוּ״

ב.

- עַמְרָם לָקַח בַּת לֵוִי
- מֹשֶׁה - ג׳ חֳדָשִׁים הִצְפִּינָה אוֹתוֹ
- תֵּבַת מֹשֶׁה בַּיְאֹר
- בַּתְיָה
- מִרְיָם הֵבִיאָה אֶת יוֹכֶבֶד
- מֹשֶׁה עִם יוֹכֶבֶד ב׳ שָׁנִים
- מֹשֶׁה הָרַג אֶת הַמִּצְרִי
- מֹשֶׁה עִם דָּתָן וַאֲבִירָם
- מֹשֶׁה בָּרַח לְמִדְיָן
- מֹשֶׁה הִצִּיל אֶת בְּנוֹת יִתְרוֹ
- מֹשֶׁה – צִפֹּרָה – גֵּרְשֹׁם
- וַיָּמָת מֶלֶךְ מִצְרַיִם
- ה׳ שָׁמַע אֶת נַאֲקַת בנ״י

ג.

- מֹשֶׁה רָעָה אֶת צֹאן יִתְרוֹ
- סְנֶה
- שְׁלִיחוּת
- "מִי אָנֹכִי"?
- "אֶקְיֶ-ה"

ד.

- "וְהֵן לֹא יַאֲמִינוּ לִי"
- ב' אוֹתוֹת – נָחָשׁ, צָרַעַת
- דָּם
- "לֹא אִישׁ דְּבָרִים אָנֹכִי"
- "שְׁלַח נָא בְּיַד תִּשְׁלָח"
- "אַהֲרֹן אָחִיךָ... יְדַבֵּר"
- יִתְרוֹ נָתַן רְשׁוּת
- מֹשֶׁה חָזַר לְמִצְרַיִם עִם צִפֹּרָה וְגֵרְשֹׁם
- צִפֹּרָה הִצִּילָה אֶת מֹשֶׁה
- אַהֲרֹן הָלַךְ לִקְרָאת מֹשֶׁה
- הָעָם הֶאֱמִין בְּאוֹתוֹת מֹשֶׁה

ה.

- מֹשֶׁה וְאַהֲרֹן לִפְנֵי פַּרְעֹה
- "מִי ה'... לֹא אֲשַׁלֵּחַ"
- "לֹא תֹאספוּן לָתֵת תֶּבֶן"
- "לָמָה הֲרֵעֹתָה לָעָם הַזֶּה"

ו.

- "עַתָּה תִרְאֶה"

וָאֵרָא

ו.	הַבְטָחַת הַגְּאֻלָּה
ז.	מַטֶּה – דָּם – צְפַרְדֵּעַ
ח.	צְפַרְדֵּעַ – כִּנִּים – עָרֹב
ט.	דֶּבֶר – שְׁחִין – בָּרָד

ו.

- "אֲנִי יקוק"
- אָבוֹת – ק-ל שקי
- ד' לְשׁוֹנוֹת גְּאֻלָּה – וְהוֹצֵאתִי, וְהִצַּלְתִּי, וְגָאַלְתִּי, וְלָקַחְתִּי, [וְהֵבֵאתִי]
- ב"י לֹא שָׁמְעוּ אֶל מֹשֶׁה מִקֹּצֶר רוּחַ
- "דַּבֵּר אֶל פַּרְעֹה"
- ק"ו "וְאֵיךְ יִשְׁמָעֵנִי פַּרְעֹה ?"
- תּוֹלְדוֹת רְאוּבֵן שִׁמְעוֹן וְלֵוִי
- "דַּבֵּר אֶל פַּרְעֹה"
- "אֲנִי עֲרַל שְׂפָתַיִם"

ז.

- "אַהֲרֹן אָחִיךָ יִהְיֶה נְבִיאֶךָ... וְשִׁלַּח אֶת ב"י... וְיָדְעוּ מִצְרַיִם"
- מַטֶּה – נָחָשׁ
- אַזְהָרַת דָּם
- דָּם – ז' יָמִים
- אַזְהָרַת צְפַרְדֵּעַ

ח.

- צְפַרְדֵּעַ
- פַּרְעֹה בִּקֵּשׁ שֶׁיָּסִירֵם
- "לְמָתַי?" "לְמָחָר"
- וְהַכְבֵּד אֶת לִבּוֹ
- כִּנִּים
- "אֶצְבַּע אֱלֹקִים הִיא"

- וַיֶּחֱזַק לֵב פַּרְעֹה
- אַזְהָרַת עָרֹב
- עָרֹב
- "לְכוּ זִבְחוּ לֵאלֹקֵיכֶם בָּאָרֶץ"
- "לֹא תַרְחִיקוּ"
- מֹשֶׁה הִתְפַּלֵּל
- וַיַּכְבֵּד פַּרְעֹה אֶת לִבּוֹ

ט.

- אַזְהָרַת דֶּבֶר
- דֶּבֶר
- וַיִּכְבַּד לֵב פַּרְעֹה
- שְׁחִין
- וַיְחַזֵּק ה' אֶת לֵב פַּרְעֹה
- אַזְהָרַת בָּרָד
- בָּרָד
- "חָטָאתִי הַפָּעַם – ה' הַצַּדִּיק וַאֲנִי וְעַמִּי הָרְשָׁעִים"
- מֹשֶׁה הִתְפַּלֵּל
- וַיַּכְבֵּד לִבּוֹ הוּא וַעֲבָדָיו

בֹּא

י.	אַרְבֶּה – חֹשֶׁךְ
יא.	כַּחֲצוֹת
יב.	קָרְבָּן פֶּסַח – מַכַּת בְּכוֹרוֹת
יג.	קַדֵּשׁ לִי

י.

- תַּכְלִית הַמַּכּוֹת
- אַזְהָרַת אַרְבֶּה
- עַבְדֵי פַּרְעֹה: "עַד מָתַי יִהְיֶה זֶה לָנוּ לְמוֹקֵשׁ"
- וַיּוּשַׁב אֶת מֹשֶׁה וְאֶת אַהֲרֹן
- "מִי וָמִי הַהֹלְכִים"
- "כַּאֲשֶׁר אֲשַׁלַּח אֶתְכֶם ..."
- וַיְגָרֶשׁ אֹתָם
- אַרְבֶּה ע"י רוּחַ קָדִים
- "חָטָאתִי לַה'"
- מֹשֶׁה הִתְפַּלֵּל
- רוּחַ יָם חָזָק... לֹא נִשְׁאַר אַרְבֶּה אֶחָד
- וַיְחַזֵּק ה' אֶת לֵב פַּרְעֹה
- חֹשֶׁךְ
- "לְכוּ... רַק צֹאנְכֶם וּבְקַרְכֶם יֻצָּג"
- "גַּם אַתָּה תִּתֵּן בְּיָדֵנוּ זְבָחִים"
- וַיְחַזֵּק ה' אֶת לֵב פַּרְעֹה
- "אַל תֹּסֶף רְאוֹת פָּנַי"

יא.

- "עוֹד נֶגַע אֶחָד... אַחֲרֵי כֵן יְשַׁלַּח אֶתְכֶם"
- "וְיִשְׁאֲלוּ אִישׁ מֵאֵת רֵעֵהוּ"
- כֹּה אָמַר ה': "כַּחֲצֹת ..."
- "לֹא יִשְׁמַע אֲלֵיכֶם פַּרְעֹה לְמַעַן רְבוֹת מוֹפְתַי"

יב.

- הַחֹדֶשׁ הַזֶּה
- קָ' פֶּסַח
- דָּם עַל הַמְּזֻזוֹת
- מָה לְהַגִּיד לְבָנִים
- מַכַּת בְּכוֹרוֹת
- "קוּמוּ צְּאוּ מִתּוֹךְ עַמִּי... כְּדַבֶּרְכֶם"
- "וּבֵרַכְתֶּם גַּם אֹתִי"
- וַיַּשְׁאִלוּם
- מֵרַעְמְסֵס
- סֻכֹּתָה
- עֻגֹת מַצּוֹת
- 430 שָׁנִים בְּמִצְרַיִם
- חֻקַּת הַפֶּסַח

חֹדֶשׁ
זְמַנּוֹ
אֲכִילָה
נָא
תּוֹתִירוּ
הַשְׁבָּתָה
מַצָּה
לֹא יִמָּצֵא
תַּעֲרוֹבוֹת

מוּמָר
שָׂכִיר
חוּץ
עֶצֶם
עָרֵל

ג.

- פָּרָשַׁת קַדֵּשׁ לִי כָּל בְּכוֹר
- זָכוֹר אֶת הַיּוֹם הַזֶּה אֲשֶׁר יְצָאתֶם מִמִּצְרַיִם מִבֵּית עֲבָדִים
- תְּפִלִּין שֶׁל יָד וְשֶׁל רֹאשׁ
- פִּדְיוֹן כָּל בְּכוֹר
- שְׁאֵלַת הַתָּם
- תְּפִלִּין

לְהַפְרִישׁ
ז' יָמִים
לֹא יֵרָאֶה
לְסַפֵּר
פִּדְיוֹן
לַעֲרֹף

בְּשַׁלַּח

יג. בְּשַׁלַּח
יד. קְרִיעַת יַם סוּף
טו. "אָז יָשִׁיר" – מָרָה – וַיִּלֹּנוּ
טז. מָן
יז. מֵי מְרִיבָה – עֲמָלֵק

יג.

- דֶּרֶךְ הַמִּדְבָּר... חֲמֻשִׁים
- עַצְמוֹת יוֹסֵף
- סֻכֹּת – אֵתָם
- עַמּוּד עָנָן – יוֹם, עַמּוּד אֵשׁ – לָיְלָה

יד.

- תַּחֲנוּ עַל הַיָּם
- 600 רֶכֶב פַּרְעֹה
- "ה' יִלָּחֵם לָכֶם וְאַתֶּם תַּחֲרִשׁוּן"
- רוּחַ קָדִים עַזָּה כָּל הַלַּיְלָה
- קְרִיעַת יָם סוּף
- וַיָּשֻׁבוּ הַמַּיִם
- וַיַּאֲמִינוּ בַּה' וּבְמֹשֶׁה עַבְדּוֹ

טו.

- אָז יָשִׁיר
- שִׁירַת מִרְיָם
- מָרָה – וַיִּלֹּנוּ
- וַיִּמְתְּקוּ הַמָּיִם
- "...כָּל הַמַּחֲלָה... כִּי אֲנִי ה' רֹפְאֶךָ"
- אֵילִם – 12 עֵינֹת – 70 תְּמָרִים

טז.

- אֵילִם – לְמִדְבַּר סִין
- וַיִּלּוֹנוּ... "הִנְנִי מַמְטִיר לָכֶם לֶחֶם מִן הַשָּׁמַיִם... לְמַעַן אֲנַסֶּנּוּ הֲיֵלֵךְ בְּתוֹרָתִי אִם לֹא"
- לֶחֶם מִשְׁנֶה בְּשַׁבָּת
- "וְנַחְנוּ מָה... תְלֻנֹּתֵיכֶם כִּי עַל ה'"
- הַשְּׂלָו
- דִּינֵי הַמָּן
- וַיּוֹתִרוּ אֲנָשִׁים
- יָצְאוּ לִלְקֹט בְּשַׁבָּת
- "עַד אָנָה מֵאַנְתֶּם לִשְׁמֹר מִצְוֹתַי וְתוֹרֹתָי"
- תְּחוּם שַׁבָּת

תְּחוּם

- צִנְצֶנֶת

יז.

- מִדְבַּר סִין – רְפִידִים
- "תְּנוּ לָנוּ מַיִם"
- "וְהִכִּיתָ בַצּוּר"
- מַסָּה וּמְרִיבָה – "הֲיֵשׁ ה' בְּקִרְבֵּנוּ אִם אָיִן"
- וַיָּבֹא עֲמָלֵק
- זִכָּרוֹן – "מָחֹה אֶמְחֶה"

יִתְרוֹ

יח.	יִתְרוֹ
יט.	הֲכָנָה לְמַתַּן תּוֹרָה
כ.	מַתַּן תּוֹרָה

יח.

- וַיִּשְׁמַע יִתְרוֹ
- וַיֹּאמֶר יִתְרוֹ ״בָּרוּךְ ה׳״
- יִתְרוֹ נָתַן זְבָחִים
- אַהֲרֹן וְכֹל זִקְנֵי יִשְׂרָאֵל אָכְלוּ לֶחֶם עִם חֹתֵן מֹשֶׁה
- עֲצַת יִתְרוֹ 1000 – 100 – 50 – 10
- וַיֵּלֶךְ לוֹ אֶל אַרְצוֹ

יט.

- רְפִידִים – מִדְבַּר סִינָי
- מֹשֶׁה עָלָה אֶל הָאֱלֹקִים
- ״אַתֶּם רְאִיתֶם... עַל כַּנְפֵי נְשָׁרִים״
- ״וִהְיִיתֶם לִי סְגֻלָּה מִכָּל הָעַמִּים״
- ״תִּהְיוּ לִי מַמְלֶכֶת כֹּהֲנִים״
- ״נַעֲשֶׂה״
- ״הִנֵּה אָנֹכִי בָּא אֵלֶיךָ בְּעַב הֶעָנָן בַּעֲבוּר יִשְׁמַע הָעָם בְּדַבְּרִי עִמָּךְ וְגַם בְּךָ יַאֲמִינוּ לְעוֹלָם״
- טַהֲרָה בַּיּוֹם הַשְּׁלִישִׁי
- בַּיּוֹם הַשְּׁלִישִׁי יֵרֵד ה׳ לְעֵינֵי כָל הָעָם עַל הַר סִינָי
- הַגְבָּלָה
- קוֹלוֹת וּבְרָקִים וְעָנָן כָּבֵד וְקוֹל שׁוֹפָר חָזָק מְאֹד
- וַיִּתְיַצְּבוּ בְּתַחְתִּית הָהָר
- אַזְהָרַת ה׳ שֶׁלֹּא יַעֲלוּ

כ.

- עֲשֶׂרֶת הַדִּבְּרוֹת
- וְכָל הָעָם רֹאִים...
- "אַתֶּם רְאִיתֶם כִּי מִן הַשָּׁמַיִם דִּבַּרְתִּי עִמָּכֶם"

- "לֹא תַעֲשׂוּן אִתִּי"
- "בְּכָל הַמָּקוֹם אֲשֶׁר אַזְכִּיר אֶת שְׁמִי אָבוֹא אֵלֶיךָ וּבֵרַכְתִּיךָ"
- גָּזִית
- מַעֲלוֹת

אֱמוּנָה
זוּלָתוֹ
פֶּסֶל
כְּדַרְכּוֹ
הִשְׁתַּחֲוָה
שָׁוְא
קִדּוּשׁ
מְלָאכָה
לְכַבֵּד
רוֹצֵחַ
אֵשֶׁת אִישׁ
נְפָשׁוֹת
שֶׁקֶר
לַחְמֹד

צוּרוֹת

גָּזִית
מַעֲלוֹת

מִשְׁפָּטִים

כא. 13 מִצְוֹת
כב. 19 מִצְוֹת
כג. 21 מִצְוֹת
כד. נַעֲשֶׂה וְנִשְׁמַע

כא.

- עֶבֶד עִבְרִי   עֶבֶד עִבְרִי
- אָמָה עִבְרִיָּה
    - מִצְוַת יֵעוּד   לְיַעֲדָהּ
    - פִּדְיוֹן   לִפְדּוֹת
    - שֶׁלֹּא יִמְכֹּר   לְמָכְּר
    - שְׁאֵר, כְּסוּת, וְעוֹנָה   שְׁאֵר, כְּסוּת וְעוֹנָה
- חֶנֶק   חֶנֶק
- מַכֵּה אָבִיו   לְהַכּוֹת
- גֹּנֵב אִישׁ (לָדוּן דִּינֵי קְנָסוֹת)
- מְקַלֵּל אָבִיו
- חוֹבֵל בַּחֲבֵרוֹ   חוֹבֵל
- סַיִף   סַיִף
- נֶפֶשׁ תַּחַת נֶפֶשׁ
- שֵׁן – עַיִן
- שׁוֹר   שׁוֹר
    - אִישׁ אִשָּׁה
    - בֵּן
    - בַּת
    - עֶבֶד
    - שִׁפְחָה
    - שׁוֹר הַנִּסְקָל
- בּוֹר   שׁוֹר, בּוֹר
- שׁוֹר – שׁוֹר   גַּנָּב
- ד' ה'

35

כב.

- מַחְתֶּרֶת
- כֵּפֶל
- שֵׁן
- אֵשׁ
- שׁוֹמֵר חִנָּם
- טוֹעֵן וְנִטְעָן ב״ד
- שׁוֹמֵר שָׂכִיר
- שׁוֹאֵל
- מְפַתֶּה
- מְכַשֵּׁפָה לֹא תְחַיֶּה
- שׁוֹכֵב עִם בְּהֵמָה
- זוֹבֵחַ לָעֲ״ז
- גֵּר - דְּבָרִים
- גֵּר - מָמוֹן
- עִנּוּי אַלְמָנָה וְיָתוֹם
- לְהַלְווֹת
- לִגֹּשׂ
- לְהִתְעַסֵּק בְּרִבִּית
- לְהַחְזִיר מַשְׁכּוֹן
- לְגַדֵּף
- לֹא לְקַלֵּל דַּיָּן
- לֹא לְקַלֵּל נָשִׂיא
- יַקְדִּים
- חי׳
- טְרֵפָה

שֵׁן
אֵשׁ
שׁוֹמֵר חִנָּם
טוֹעֵן
שָׂכִיר
שׁוֹאֵל
מְפַתֶּה
מְכַשֵּׁף
גֵּר – דְּבָרִים
גֵּר – מָמוֹן
עִנּוּי
לְהַלְווֹת
יִגֹּשׂ
יִתְעַסֵּק
לְגַדֵּף
קַלֵּל דַּיָּן
קַלֵּל מֶלֶךְ
יַקְדִּים
טְרֵפָה

ג.

- לשה״ר
- לֹא יִשְׁמַע עֵד אֶחָד
- בַּעַל עֲבֵרָה שֶׁלֹּא יָעִיד
- רֹב ב׳ בְּדִינֵי נְפָשׁוֹת
- זְכוּת – חוֹבָה

שֵׁמַע שָׁוְא
בַּעַל עֲבֵרָה
ב׳
זְכוּת-חוֹבָה

- רֹב
- דָל – שֶׁלֹּא לְרַחֵם עַל עָנִי בַּדִּין
- פֵּרוּק
- שֶׁקֶר – שֶׁלֹּא לְהַטּוֹת מִשְׁפַּט רָשָׁע
- נָקִי – שֶׁלֹּא לַחְתּוֹךְ הַדִּין בְּאֹמֶד הַדַּעַת
- שֹׁחַד
- שְׁמִיטָה
- שַׁבָּת - לִשְׁבּוֹת
- לֹא יִשָּׁמַע עַל פִּיךָ שֵׁם ע״ז
- לָחֹג
- פֶּסַח
- שָׁבוּעוֹת
- סֻכּוֹת
- חָמֵץ – לֹא תִּשְׁחַט ק׳ פֶּסַח קֹדֶם בִּעוּר חָמֵץ
- אֵמוּרָיו– שֶׁל ק׳ פֶּסַח לֹא יָלִין עַד בֹּקֶר
- בִּכּוּרִים
- בָּשָׂר וְחָלָב
- בְּרִית– שֶׁלֹּא לִכְרוֹת בְּרִית עִם ז׳ הָעֲמָמִים וְכֵן לְכָל עע״ז
- לִשְׁכֹּן – שֶׁלֹּא לִשְׁכֹּן עע״ז בְּאַרְצֵנוּ
- מַלְאָךְ
- תְּפִלָּה (רמב״ם – ולא החינוך)
- וְשָׁלַחְתִּי אֶת הַצִּרְעָה
- מְעַט מְעַט אֲגָרְשֶׁנּוּ מִפָּנֶיךָ
- לֹא יֵשְׁבוּ בְּאַרְצְךָ

רֹב
דָל
לִפְרֹק
רָשָׁע
נָקִי
שֹׁחַד
נִשְׁמַט
לִשְׁבֹּת
לְהִשָּׁבַע
לְהַדִּיחַ
לָחֹג
חָמֵץ
אֵמוּרָיו
בִּכּוּרִים
בָּשָׂר וְחָלָב
בְּרִית
יֵשְׁבוּ
תְּפִלָּה

כד.

- נִגַּשׁ מֹשֶׁה לְבַדּוֹ
- וַיִּבֶן מִזְבֵּחַ תַּחַת הָהָר וְי״ב מַצֵּבָה
- קָרָא סֵפֶר הַבְּרִית
- ״נַעֲשֶׂה וְנִשְׁמַע״
- וַיַּעַל מֹשֶׁה אֶל הָהָר

תְּרוּמָה

כה. תְּרוּמָה – אש״ם כו. יְרִיעוֹת – קפ״ם כז. מִזְבֵּחַ חָצֵר

כה.

- תְּרוּמָה — לִבְנוֹת
- אֲרוֹן — בַּדִּים
- שֻׁלְחָן — לֶחֶם הַפָּנִים
- מְנוֹרָה

כו.

- 10 יְרִיעוֹת
- 11 יְרִיעוֹת
- עֹרֹת אֵילִים
- עֹרֹת תְּחָשִׁים
- קְרָשִׁים
- פָּרֹכֶת
- מָסָךְ

כז.

- מִזְבַּח נְחֹשֶׁת
- חָצֵר

תְּרוּמָה

כה. תְּרוּמָה – אש״ם
כו. יְרִיעוֹת – קפ״ם
כז. מִזְבֵּחַ ח״ם

כה.

- תְּרוּמָה — לִבְנוֹת
  - זָהָב
  - כֶּסֶף
  - נְחֹשֶׁת
  - תְּכֵלֶת
  - אַרְגָּמָן
  - תּוֹלַעַת
  - שָׁנִי
  - שֵׁשׁ
  - צֶמֶר עִזִּים
  - עֹרֹת אֵילִים
  - עֹרֹת תְּחָשִׁים
  - עֲצֵי שִׁטִּים
  - שֶׁמֶן לַמָּאֹר
  - בְּשָׂמִים לְשֶׁמֶן הַמִּשְׁחָה
  - בְּשָׂמִים לַקְּטֹרֶת — בַּדִּים
- אֲרוֹן
  - עֲצֵי שִׁטִּים
  - 2 1/2 x 1 1/2 x 1 1/2
  - זָהָב טָהוֹר
  - זֵר זָהָב
  - ד׳ טַבָּעוֹת
  - ב׳ בַּדִּים
  - כַּפֹּרֶת
  - כְּרוּבִים

- שֻׁלְחָן
  - עֲצֵי שִׁטִּים
  - 2 x 1 x 1 1/2
  - זָהָב טָהוֹר
  - זֵר זָהָב
  - ד׳ טַבָּעוֹת
  - ב׳ בַּדִּים
  - קְעָרוֹת
  - כַּפּוֹת
  - קָשׂוֹת
  - מְנַקִּיּוֹת
  - י״ב לֶחֶם — לֶחֶם הַפָּנִים
- מְנוֹרָה
  - זָהָב טָהוֹר
  - שִׁשָּׁה קָנִים
  - מַלְקָחֶיהָ
  - מַחְתֹּתֶיהָ

כו.

- י׳ יְרִיעוֹת
  - 28 x 4
  - 5 + 5
  - 50 - 50
- י״א יְרִיעוֹת עִזִּים
  - 30 x 4
  - 5 + 6
  - 50 -50
- עֹרֹת אֵילִים
- עֹרֹת תְּחָשִׁים
- קְרָשִׁים
  - עֲצֵי שִׁטִּים
  - 10 x 1 1/2
  - ב׳ יָדוֹת
  - כ׳ דָּרוֹם מ׳ אַדְנֵי כֶסֶף
  - כ׳ צָפוֹן מ׳ אַדְנֵי כֶסֶף
  - 5 מַעֲרָב
  - 5 בְּרִיחִים צָפוֹן
  - 5 בְּרִיחִים דָּרוֹם
  - 5 בְּרִיחִים מַעֲרָב

- פָּרֹכֶת
  - ד׳ עַמּוּדֵי שִׁטִּים מְצֻפִּים זָהָב
  - וָוֵיהֶם זָהָב
  - 5 אַדְנֵי כֶסֶף
- מָסָךְ
  - 5 עַמּוּדֵי שִׁטִּים מְצֻפִּים זָהָב
  - וָוֵיהֶם זָהָב
  - 5אַדְנֵי נְחֹשֶׁת

כז.

- מִזְבֵּחַ
  - עֲצֵי שִׁטִּים
  - 5 x 5 x 3
  - ד׳ קְרָנוֹת
  - מְצֻפִּים נְחֹשֶׁת
  - סִירוֹת
  - יָעִים
  - מִזְרָק
  - מַזְלֵג
  - מַחְתּוֹת
  - מִכְבָּר
  - ד׳ טַבָּעוֹת
  - ב׳ בַּדִּים
  - נְבוּב לֻחֹת
- חָצֵר
  - ק׳ קְלָעִים דָּרוֹם
  - כ׳ עַמּוּדֵי נְחֹשֶׁת
  - כ׳ אַדְנֵי נְחֹשֶׁת
  - וָוֵיהֶם כֶּסֶף
  - ק׳ קְלָעִים צָפוֹן
  - כ׳ עַמּוּדֵי נְחֹשֶׁת
  - כ׳ אַדְנֵי נְחֹשֶׁת
  - וָוֵיהֶם כֶּסֶף
  - נ׳ קְלָעִים מַעֲרָב
  - י׳ עַמּוּדִים
  - י׳ אֲדָנִים
  - נ׳ קְלָעִים מִזְרָח
  - 15 – 20 – 15
- מָסָךְ
  - ד׳ עַמּוּדִים
  - ד׳ אֲדָנִים

תְּצַוֶּה

כז.	נֵר תָּמִיד
כח.	בִּגְדֵי כְּהֻנָּה וְקָרְבָּן
כט.	קָ׳ מִלּוּאִים – תָּמִיד
ל.	מִזְבֵּחַ – קְטֹרֶת

כז.

נֵרוֹת

- תִּקְחוּ שֶׁמֶן זַיִת זָךְ לְנֵר תָּמִיד
- חוּץ לַפָּרֹכֶת
- יַדְלִיק מֵעֶרֶב עַד בֹּקֶר חֹק לְעוֹלָם

כח.

לִלְבּוֹשׁ

- וְעָשִׂיתָ בִגְדֵי קֹדֶשׁ לְכָבוֹד וּלְתִפְאֶרֶת
- אֵפוֹד
  - אַבְנֵי שֹׁהַם עִם שֵׁמוֹת י״ב שִׁבְטֵי ק-ה
  - מִשְׁבְּצוֹת זָהָב
  - שְׁתֵּי שַׁרְשְׁרֹת זָהָב
  - חֹשֶׁן - רָבוּעַ, כָּפוּל, זֶרֶת אַרְכּוֹ וְזֶרֶת רָחְבּוֹ (חֹשֶׁן)
  - ד׳ טוּרִים
  - שַׁרְשְׁרֹת גַּבְלֻת
  - ב׳ טַבָּעוֹת לְמַעְלָה
  - ב׳ טַבָּעוֹת לְמָטָה
  - פְּתִיל תְּכֵלֶת
  - אוּרִים וְתוּמִים

מְעִיל

- מְעִיל
  - כְּלִיל תְּכֵלֶת
  - פִּיו לֹא יִקָּרֵעַ
  - רִמּוֹנִים וּפַעֲמוֹנִים
  - וְנִשְׁמַע קוֹלוֹ בְּבֹאוֹ אֶל הַקֹּדֶשׁ
- צִיץ– זָהָב טָהוֹר
  - קֹדֶשׁ לַה׳
  - פְּתִיל תְּכֵלֶת
  - עַל מִצְחוֹ תָּמִיד
- כְּתֹנֶת
- מִצְנֶפֶת
- אַבְנֵט

- בְּנֵי אַהֲרֹן
- כְּתֹנֶת
- אַבְנֵטִים
- מִגְבָּעוֹת
- מִכְנְסֵי בָד

כט.

- זֶה הַדָּבָר אֲשֶׁר תַּעֲשֶׂה לָהֶם לְקַדֵּשׁ אֹתָם לְכַהֵן לִי
- פָּר א׳
- אֵילִים ב׳
- לֶחֶם מַצּוֹת
- חַלֹּת מַצּוֹת
- רְקִיקֵי מַצּוֹת
- טְבִילַת בְּנֵי אַהֲרֹן
- וְהִלְבַּשְׁתָּ כ״ג
- וּמָשַׁחְתָּ אוֹתוֹ בְּשֶׁמֶן הַמִּשְׁחָה
- הַלְבָּשַׁת בָּנָיו
- סְמִיכַת הַפָּר ע״י אַהֲרֹן וּבָנָיו
- שְׁחִיטָה
- זְרִיקַת דָּם עַל ד׳ קָרְנוֹת הַמִּזְבֵּחַ
- שְׁיָרֵי הַדָּם בִּיסוֹד הַמִּזְבֵּחַ
  - פָּר חַטָּאת – הַקְטָרָה
  - חֵלֶב הַמְכַסֶּה אֶת הַקֶּרֶב
  - יֹתֶרֶת עַל הַכָּבֵד
  - שְׁתֵּי הַכְּלָיוֹת
  - חֵלֶב אֲשֶׁר עֲלֵיהֶן
  - בְּשַׂר הַפָּר
  - עוֹרוֹ
  - פִּרְשׁוֹ

איל א׳

- עוֹלָה – סְמִיכַת הָאַיִל ע״י אַהֲרֹן וּבָנָיו
- שְׁחִיטָה
- זְרִיקַת הַדָּם
- נְתָחִים
- רְחִיצָה
- הַקְטָרַת כָּל נְתָחָיו לְשֵׁם עוֹלָה

איל ב׳

- סְמִיכַת אָיִל ב׳ ע״י אַהֲרֹן וּבָנָיו
- שְׁחִיטָה
- דָּם – תְּנוּךְ אֹזֶן, בֹּהֶן יָד, בֹּהֶן רֶגֶל הַיְּמָנִית
- זְרִיקַת הַדָּם
- דָּם וְשֶׁמֶן הַמִּשְׁחָה עַל אַהֲרֹן וּבְגָדָיו וְעַל בָּנָיו וּבִגְדֵיהֶם
- תְּנוּפַת סַל הַמַּצּוֹת
- אַכְלוּ בְּשַׂר הָאַיִל וְהַלֶּחֶם

ק״ק

- ז׳ יָמִים
- קָרְבַּן הַתָּמִיד
- ב׳ כְּבָשִׂים
- עִשָּׂרוֹן סֹלֶת – עִם שֶׁמֶן וְיַיִן

ל.

לְהַקְטִיר
זָהָב

- מִזְבַּח הַקְּטֹרֶת
- עֲצֵי שִׁטִּים
- 2x1x1
- צִפִּיתָ זָהָב
- זֵר
- ב׳ טַבָּעוֹת
- ב׳ בַּדִּים
- וְהִקְטִיר עָלָיו קְטֹרֶת

כִּי תִשָּׂא

ל.	כִּי תִשָּׂא – כי״ש״ק
לא.	בְּצַלְאֵל
לב.	חֵטְא הָעֵגֶל
לג.	הוֹדִיעֵנִי נָא אֶת דְּרָכֶךָ
לד.	לוּחוֹת שְׁנִיוֹת

ל.

- כִּי תִשָּׂא
- מַחֲצִית הַשֶּׁקֶל
- כִּיּוֹר
- שֶׁמֶן הַמִּשְׁחָה
- מְשִׁיחַת כָּל הַכֵּלִים
- קְטֹרֶת

מַחֲצִית הַשֶּׁקֶל
רְחִיצָה

שֶׁמֶן

זָר
כָּמוֹהוּ
קְטֹרֶת

לא.

- בְּצַלְאֵל וְאָהֳלִיאָב
- אַזְהָרָה לִשְׁמִירַת שַׁבָּת

לב.

- בֹּשֵׁשׁ מֹשֶׁה
- חֵטְא הָעֵגֶל
- ״לֶךְ רֵד״
- וַיְחַל מֹשֶׁה
- וַיִּנָּחֶם ה׳
- שְׁבִירַת הַלּוּחוֹת
- שָׂרַף אֶת הָעֵגֶל
- ״מִי לַה׳ אֵלָי״
- 3000 מֵתוּ
- מֹשֶׁה עָלָה לָהָר
- ״וְעַתָּה אִם תִּשָּׂא חַטָּאתָם, וְאִם אַיִן מְחֵנִי נָא מִסִּפְרְךָ״

לג.

- "וְשָׁלַחְתִּי לְפָנֶיךָ מַלְאָךְ"
- ב"י אִבְּדוּ עֶדְיָם
- אֹהֶל מֹשֶׁה חוּץ לַמַּחֲנֶה
- עַמּוּד הֶעָנָן בְּפֶתַח אֹהֶל מֹשֶׁה
- פָּנִים אֶל פָּנִים
- יְהוֹשֻׁעַ לֹא יָמִישׁ
- "הוֹדִיעֵנִי נָא אֶת דְּרָכֶךָ"
- "וְחַנֹּתִי אֶת אֲשֶׁר אָחֹן"
- "וְרָאִיתָ אֶת אֲחֹרָי"

לד.

- "פְּסָל לְךָ שְׁנֵי לֻחֹת אֲבָנִים כָּרִאשֹׁנִים"
- מֹשֶׁה עָלָה לָהָר - עִם לוּחוֹת שְׁנִיּוֹת
- י"ג מִדּוֹת שֶׁל רַחֲמִים
- בְּרִית שֶׁהַשְּׁכִינָה תִּהְיֶה עִמָּנוּ בְּגָלוּת
- אַזְהָרָה שֶׁלֹּא לַעֲשׂוֹת בְּרִית עִם יוֹשְׁבֵי כְּנַעַן יַיִן
- לְשַׁבֵּר מִזְבֵּחַ, מַצֵּבָה וַאֲשֵׁרָה
- אֱלֹהֵי מַסֵּכָה לֹא תַעֲשֶׂה לָךְ
- פֶּסַח
- פֶּטֶר רֶחֶם, שׁוֹר, שֶׂה וַחֲמוֹר
- תִּשְׁבֹּת – יוֹבֵל תִּשְׁבֹּת
- שָׁבוּעוֹת וְסֻכּוֹת
- עֲלִיָּה לָרֶגֶל וְלֹא יַחְמֹד אַרְצְךָ
- לֹא תִשְׁחַט עַל חָמֵץ
- לֹא יָלִין לַבֹּקֶר זֶבַח חַג הַפָּסַח
- בִּכּוּרִים
- בָּשָׂר בְּחָלָב בָּשָׂר וְחָלָב
- מֹשֶׁה עַל הַר סִינַי מ' יוֹם
- מֹשֶׁה יָרַד עִם קֶרֶן אוֹר
- מַסְוֶה עַל פָּנָיו

וַיַּקְהֵל

לה.	הֵבִיאוּ תְּרוּמָה – בְּצַלְאֵל
לו.	עֲשִׂיַּת הַמִּשְׁכָּן – מִכְסֶה, קְרָשִׁים
לז.	א״יש ממ״יש – אָרוֹן, שֻׁלְחָן, מְנוֹרָה, מִזְבֵּחַ הַקְּטֹרֶת, שֶׁמֶן הַמִּשְׁחָה
לח.	מִזְבֵּחַ כח״ים – מִזְבֵּחַ הָעוֹלָה, כִּיּוֹר, חָצֵר, מָסָךְ

לה.

- וַיַּקְהֵל כָּל עֲדַת ב״י עֹנֶשׁ
- שְׁמִירַת שַׁבָּת
- הֵבִיאוּ תְּרוּמָה
- בְּצַלְאֵל – לַחְשֹׁב מַחֲשָׁבוֹת

לו.

- וַיִּכָּלֵא הָעָם מֵהָבִיא
- וַיַּעֲשׂוּ הַמִּשְׁכָּן
- יְרִיעוֹת
- מִכְסֶה
- קְרָשִׁים
- בְּרִיחִים
- פָּרֹכֶת
- מָסָךְ

לז.

- אָרוֹן
- שֻׁלְחָן
- מְנוֹרָה
- מִזְבֵּחַ הַקְּטֹרֶת
- שֶׁמֶן הַמִּשְׁחָה

לח.
- מִזְבֵּחַ הָעוֹלָה
- כִּיּוֹר
- חָצֵר
- מָסָךְ

פְּקוּדֵי

לח. חֶשְׁבּוֹן לט. בִּגְדֵי כ״ג מ. הֲקָמַת הַמִּשְׁכָּן עִם כֵּלָיו

לח.

- אֵלֶּה פְקוּדֵי הַמִּשְׁכָּן
- זָהָב
- כֶּסֶף
- נְחֹשֶׁת

לט.

- וַיַּעַשׂ הָאֵפוֹד
- אַבְנֵי שֹׁהַם
- חֹשֶׁן
- מְעִיל
- בְּגָדִים – כֻּתֹּנֶת, מִגְבַּעַת, מִצְנֶפֶת, אַבְנֵט
- צִיץ
- וַתֵּכֶל כָּל עֲבוֹדַת מִשְׁכָּן
- הֵבִיאוּ כָּל הַכֵּלִים אֶל הַמִּשְׁכָּן
- עָשׂוּ כָּל שֶׁצִּוָּה לָהֶם – וַיְבָרֶךְ אֹתָם מֹשֶׁה

מ.

- סֵדֶר הֲקָמַת הַמִּשְׁכָּן:
- אָרוֹן
- שֻׁלְחָן
- מְנוֹרָה
- מִזְבֵּחַ הַזָּהָב
- מָסָךְ
- מִזְבֵּחַ הָעוֹלָה
- כִּיּוֹר
- חָצֵר
- מָסָךְ

- שֶׁמֶן הַמִּשְׁחָה עַל כָּל כְּלֵי הַמִּשְׁכָּן
- הֵקָם הַמִּשְׁכָּן
- מֹשֶׁה סִדֵּר אֶת כָּל הַכֵּלִים בִּמְקוֹמָם
- עָנָן עַל הַמִּשְׁכָּן
- נְסִיעוֹת ב״י לְפִי הֵעָלוֹת הֶעָנָן
- אֵשׁ בַּלַּיְלָה לְעֵינֵי כָּל ב״י

וַיִּקְרָא

א. עוֹלָה
ב. מִנְחָה
ג. שְׁלָמִים
ד. חַטָּאת
ה. מְעִילָה אָשָׁם

- עוֹלַת נְדָבָה שֶׁל יָחִיד
- שֶׁלְּךָ וְלֹא מִן הַגֶּזֶל

א.

- עוֹלָה
  - בָּקָר - זָכָר תָּמִים
  - צֹאן - כְּבָשִׂים, זָכָר תָּמִים, עִזִּים
  - עוֹף - תּוֹרִים, בְּנֵי יוֹנָה

עוֹלָה

ב.

- מִנְחָה
  - סֹלֶת
  - מַאֲפֶה תָּנוּר - חַלָּה רְקִיקִין, OVEN
  - מַחֲבַת - PAN
  - מַרְחֶשֶׁת - DEEP FRY
  - ב׳ הַלֶּחֶם - ק׳ רֵאשִׁית
  - מֶלַח
  - מִנְחַת בִּכּוּרִים - הַיְנוּ הָעֹמֶר עִם שֶׁמֶן וּלְבוֹנָה

מִנְחָה
שְׂאֹר
מֶלַח
מֶלַח

ג.

- שְׁלָמִים
  - בָּקָר - זָכָר אוֹ נְקֵבָה תָּמִים
  - צֹאן - כֶּבֶשׂ
  - עֵז - זָכָר אוֹ נְקֵבָה תָּמִים

חֵלֶב
דָּם

ד.

- חַטָּאת
  - כ״ג
  - ב״ד
  - נָשִׂיא
  - יָחִיד

חַטָּאת ב״ד
חַטָּאת

ה.

- לְהָעִיד
- אָשָׁם
- עוֹלֶה וְיוֹרֵד
- ק' מְעִילָה
- אָשָׁם תָּלוּי
- אָשָׁם וָדַאי

לְהָעִיד
עוֹלֶה וְיוֹרֵד
יַבְדִּיל
שֶׁמֶן
לְבוֹנָה
הַמּוֹעֵל
אָשָׁם
אָשָׁם
לְהָשִׁיב

צַו

ו.	אֵשׁ - מִנְחַת כ״ג - חַטָּאת
ז.	אִיתִ׳נִין - אָשָׁם שַׁלְמֵי תּוֹדָה – שַׁלְמֵי נֶדֶר וּנְדָבָה
ח.	מִלֻּאִים

ו.

- קָ׳ עוֹלָה עַל הַמִּזְבֵּחַ כָּל הַלַּיְלָה
- לְבִישַׁת בִּגְדֵי כֹּהֵן הֶדְיוֹט
- סֵדֶר הַדֶּשֶׁן
- עֲרִיכַת הָעֵצִים עַל הַמִּזְבֵּחַ
- אֵשׁ הַמִּזְבֵּחַ
- הִלְכוֹת קָ׳ מִנְחָה
- מִנְחַת כ״ג
- תּוֹרַת הַחַטָּאת

ז.

- תּוֹרַת הָאָשָׁם
- שַׁלְמֵי תּוֹדָה
- שַׁלְמֵי נֶדֶר וּנְדָבָה
- חָזֶה שׁוֹק הַיָּמִין לַכֹּהֲנִים

ח.

- מֹשֶׁה הִקְהֵל אֶת כָּל הָעֵדָה
- הִטְבִּיל אֶת כָּל הַכֹּהֲנִים
- הִלְבִּישׁ בִּגְדֵי כ״ג
- שֶׁמֶן הַמִּשְׁחָה עַל כָּל הַמִּשְׁכָּן וְכֵלָיו
- שֶׁמֶן הַמִּשְׁחָה עַל אַהֲרֹן וּבָנָיו
- מֹשֶׁה הִלְבִּישׁ אֶת בְּנֵי אַהֲרֹן
- פַּר הַחַטָּאת
- אֵיל הָעוֹלָה
- אֵיל הַמִּלֻּאִים
- סַל הַמַּצּוֹת

דֶּשֶׁן

אֵשׁ
לְכַבּוֹתָהּ
שְׁיָרֵי
חָמֵץ
מְנָחוֹת כ״ג
כ״ג
חַטָּאת
פְּנִימִי

אָשָׁם
שְׁלָמִים
נוֹתָר
לִשְׂרֹף
פִּגּוּל
קָ׳ טָמֵא
לִשְׂרֹף
חֵלֶב [חינוך]
דָּם [חינוך]

שְׁמִינִי

ט.	שְׁמִינִי
י.	אֵשׁ זָרָה – נָדָב וַאֲבִיהוּ מֵתוּ
יא.	מַאֲכָלִים אֲסוּרִים

ט.
- יוֹם הַשְּׁמִינִי הִקְרִיבוּ:
  - עֵגֶל – לְחַטָּאת
  - אַיִל – לְעוֹלָה
  - שְׂעִיר עִזִּים – לְחַטָּאת
  - עֵגֶל וְכֶבֶשׂ – לְעוֹלָה
  - שׁוֹר וְאַיִל – לִשְׁלָמִים
  - מִנְחָה
- וַיֵּרָא כְּבוֹד ה'

י.
- נָדָב וַאֲבִיהוּ מֵתוּ   פָּרוּעַ
- פְּרוּעָה – קְרוּעָה   קָרוּעַ
- יַיִן וְשֵׁכָר   יָצָא
- וַיִּקְצֹף מֹשֶׁה עַל בְּנֵי אַהֲרֹן   שִׁכּוֹר
- הַשְׁלָמַת עֲבוֹדַת יוֹם הַשְּׁמִינִי ע"י אֶלְעָזָר וְאִיתָמָר בְּנֵי אַהֲרֹן הַנּוֹתָרִים

יא.
- סִימָנֵי בְּהֵמָה – מַפְרֶסֶת פַּרְסָה   בְּהֵמָה חַיָּה
- מַעֲלַת גֵּרָה
- ד' בְּהֵמוֹת טְמֵאוֹת   בְּהֵמָה חַיָּה / דָּגִים
- סִימָנֵי דָּגִים – סְנַפִּיר, קַשְׂקֶשֶׂת   דָּגִים
- דָּגִים טְמֵאִים
- עוֹף טָמֵא   עוֹף
- חֲגָבִים   חֲגָבִים
- ח' שְׁרָצִים   שֶׁרֶץ
- טֻמְאַת אֳכָלִים וּמַשְׁקִים   טֻמְאַת אֳכָלִים
- טֻמְאַת נְבֵלָה   טֻמְאַת נְבֵלָה
- שֶׁרֶץ הָאָרֶץ   שֶׁרֶץ הָאָרֶץ / תּוֹלַעַת
- רֶמֶשׂ הָאָרֶץ   שֶׁרֶץ הַמַּיִם / רמש הארץ

תַּזְרִיעַ

יב. תַּזְרִיעַ
יג. צָרַעַת

יב.

- יוֹלֶדֶת זָכָר 33
- יוֹלֶדֶת נְקֵבָה 66
- קָרְבָּן יוֹלֶדֶת: כֶּבֶשׂ, אוֹ ב׳ בְּנֵי יוֹנָה, אוֹ ב׳ תּוֹרִים

יוֹלֶדֶת

אָדָם טָמֵא
יוֹלֶדֶת

יג.

לְהוֹרוֹת

- שְׂאֵת WOOL צֶמֶר
- בַּהֶרֶת SNOW שֶׁלֶג
- סַפַּחַת EGG בֵּיצָה
- צָרַעַת LIME סִיד
  - שְׁחִין – צָרֶבֶת שְׁחִין
  - מִכְוַת אֵשׁ – צָרֶבֶת מִכְוָה
  - נֶתֶק
  - בַּהֶרֶת
  - קָרַחַ
- פְּרִימָה
- פְּרִיעָה
- לְפַרְסֵם
- בֶּגֶד

יְגַלֵּחַ

לְפַרְסֵם
בֶּגֶד

מְצֹרָע

יד. טָהֳרַת הַמְּצֹרָע
טו. זָב – שׁ/נ/ז׳

יד.

- טָהֳרַת הַמְּצֹרָע   טָהֳרַת הַמְּצֹרָע
  - ב׳ כִּבְשֵׂי אָשָׁם   יְגַלַּח
  - ב׳ תּוֹרִים \ בְּנֵי יוֹנָה   מִקְוָאוֹת
  - מִנְחָה   מְצֹרָע
  - לֹג שֶׁמֶן

- מְצֹרָע עָנִי
  - כֶּבֶשׂ א׳
  - ב׳ תּוֹרִים \ בְּנֵי יוֹנָה
  - מִנְחָה
  - לֹג שֶׁמֶן   בַּיִת

- צָרַעַת הַבַּיִת
  - הִסְגִּיר ז׳ יָמִים
  - אִם פָּשָׂה – חָלְצוּ הָאֲבָנִים ; אִם חָזַר הַנֶּגַע – חָלְצוּ כָּל הַבַּיִת
  - אִם לֹא פָּשָׂה – הַבַּיִת טָהוֹר וּמֵבִיא ב׳ תּוֹרִים עִם עֵץ אֶרֶז, שָׁנִי תּוֹלַעַת, וְאֵזוֹב

טו.

- טֻמְאַת זָב   זָב
  - שָׁכַב, יָשַׁב, נוֹגֵעַ, נוֹשֵׂא, כְּלִי חֶרֶס, עֵץ, ז׳ יָמִים, טְבִילָה, קׇרְבָּן   זָב

- טֻמְאַת שִׁכְבַת זֶרַע   שִׁכְבַת זֶרַע
  - טְבִילָה, טָמֵא עַד הָעֶרֶב

- טֻמְאַת נִדָּה   נִדָּה
  - ז׳ יָמִים, יָשְׁבָה, שָׁכְבָה, נָגְעָה

- טֻמְאַת זָבָה   זָבָה
  - ז׳ יָמִים, שָׁכְבָה, יָשְׁבָה, נָגְעָה, סְפִירַת ג׳ יָמִים, מִקְוֶה – קׇרְבָּן זָבָה   זרה

מְצֹרָע

יד. טַהֲרַת הַמְּצֹרָע
טו. זָב – שִׁי׳נִ׳זִ׳

יד.

טַהֲרַת הַמְּצֹרָע

- טַהֲרַת הַמְּצֹרָע
  - לָקַח ב׳ צִפּוֹרִים
  - עֵץ אֶרֶז
  - שְׁנִי תּוֹלַעַת
  - אֵזֹב
  - שָׁחַט צִפּוֹר א׳ בִּכְלִי חֶרֶס עִם מַיִם חַיִּים
  - טָבַל צִפּוֹר ב׳ בַּחֶרֶס וּבַמַּיִם עִם עֵץ אֶרֶז, שְׁנִי תּוֹלַעַת וְאֵזֹב
  - הֲזָאָה ז׳ פְּעָמִים עַל הַמְּצֹרָע
  - שָׁלַח צִפּוֹר ב׳ לַשָּׂדֶה
  - גִּלּוּחַ וּטְבִילָה

יְגַלֵּחַ

מִקְוָאוֹת

  - נִכְנַס לַמַּחֲנֶה – חוּץ לְאָהֳלוֹ ז׳ יָמִים
  - בְּיוֹם ז׳ גִּלֵּחַ כָּל בְּשָׂרוֹ וְטָבַל
  - בְּיוֹם ח׳ הֵבִיא קָרְבַּן מְצֹרָע – ב׳ כְּבָשִׂים לְאָשָׁם, מִנְחָה א׳, לֹג שֶׁמֶן

מְצֹרָע

  - שְׁחִיטַת כֶּבֶשׂ הָאָשָׁם
  - דַּם כֶּבֶשׂ הָאָשָׁם עַל R’ TOE – R’ THUMB – R’ EAR
  - כֹּהֵן לָקַח לֹג שֶׁמֶן וְנָתַן לְתוֹךְ יְדֵי כֹּהֵן אַחֵר
  - כֹּהֵן ב׳ טָבַל אֶצְבָּעוֹ בְּכַף שְׂמָאלִית
  - הֲזָאַת שֶׁמֶן ז׳ פְּעָמִים נֶגֶד קָדְשֵׁי הַקֳּדָשִׁים
  - מִיֶּתֶר הַשֶּׁמֶן עַל R’ TOE – R’ THUMB – R’ EAR
  - מִיֶּתֶר הַשֶּׁמֶן עַל רֹאשׁוֹ
  - כֹּהֵן הֵבִיא ב׳ חַטָּאת, ב׳ עוֹלָה, ב׳ מִנְחָה – וְכִפֵּר עַל הַמְּצֹרָע וְטִהֵר
- אִם הַמְּצֹרָע דַּל הוּא – הֵבִיא כֶּבֶשׂ אָשָׁם א׳
  - ב׳ תּוֹרִים \ בְּנֵי יוֹנָה – א׳ חַטָּאת, א׳ עוֹלָה
  - מִנְחָה
  - לֹג שֶׁמֶן
  - שָׁחַט הַכֶּבֶשׂ הָאָשָׁם
  - נָתַן דָּם עַל R’ TOE – R’ THUMB – R’ EAR
  - נָתַן שֶׁמֶן בְּיַד כֹּהֵן ב׳
  - כֹּהֵן ב׳ טָבַל אֶצְבָּעוֹ בְּכַף שְׂמָאלִית
  - הֲזָאַת שֶׁמֶן ז׳פְּעָמִים נֶגֶד קָדְשֵׁי הַקֳּדָשִׁים
  - הַכֹּהֵן הֵבִיא תּוֹר א׳ לְחַטָּאת

- צָרַעַת הַבַּיִת בַּיִת
  - וּפִנּוּ אֶת הַבַּיִת
  - שְׁקַעֲרוּרֹת
  - יְרַקְרַקֹּת
  - אֲדַמְדַּמֹּת
  - הִסְגִּיר ז׳ יָמִים
- אִם פָּשָׂה
  - חִלְצוּ הָאֲבָנִים שֶׁיֵּשׁ עֲלֵיהֶן נֶגַע
  - יַקְצִיעַ הַבַּיִת
  - אֲבָנִים אֲחֵרוֹת וְעָפָר אַחֵר וְטָח אֶת הַבַּיִת
  - אִם חָזַר הַנֶּגַע אָז נָתַץ אֶת כָּל הַבַּיִת – אֲבָנִים, עֵץ וְעָפָר חוּץ לַמַּחֲנֶה לְמָקוֹם טָמֵא
  - הַנִּכְנָס לַבַּיִת כְּשֶׁהָיְתָה סָגוּר יִטְמָא עַד הָעֶרֶב
  - שָׁכַב שָׁם יִטְבֹּל הוּא וּבְגָדָיו
  - אָכַל שָׁם " " "
- אִם לֹא פָּשָׂה
  - הַבַּיִת טָהוֹר
  - לָקַח ב׳ תּוֹרִים
  - עֵץ אֶרֶז
  - שְׁנִי תוֹלַעַת
  - אֵזוֹב
  - שָׁחַט צִפּוֹר א׳ בִּכְלִי חֶרֶס עִם מַיִם חַיִּים
  - טָבַל צִפּוֹר ב׳ בַּחֶרֶס עִם עֵץ אֶרֶז, שְׁנִי תוֹלַעַת וְאֵזוֹב בַּדָּם וּבַמַּיִם חַיִּים
  - הַזָּאַת הַבַּיִת ז׳ פְּעָמִים
  - שָׁלַח צִפּוֹר ב׳ לַשָּׂדֶה

טו.

- טֻמְאַת זָב זָב
  - כָּל דָּבָר שֶׁהַזָּב שׁוֹכֵב אוֹ יוֹשֵׁב עָלָיו יִטְמָא
  - כָּל הַנּוֹגֵעַ בְּמִטָּה אוֹ בִּכְלִי שֶׁהַזָּב שָׁכַב אוֹ יָשַׁב עָלָיו – יִטְמָא וְצָרִיךְ הַנּוֹגֵעַ וּבְגָדָיו טְבִילָה
  - הַנּוֹגֵעַ נִשְׁאַר בְּטֻמְאָתוֹ עַד הָעֶרֶב
  - הַנּוֹגֵעַ בִּבְשַׂר הַזָּב יִטְמָא וְיִטְבֹּל
  - יָרֹק הַזָּב
  - מֶרְכָּב
  - הַנּוֹגֵעַ בְּכָל דָּבָר שֶׁהָיָה תַּחַת הַזָּב
  - הַנּוֹשֵׂא כָּל דָּבָר שֶׁהַזָּב נָגַע בּוֹ
  - הַנּוֹגֵעַ בַּזָּב
  - כְּלִי חֶרֶשׂ
  - כְּלִי עֵץ
  - ז׳ יָמִים ואח״כ טוֹבֵל גּוּפוֹ וּבְגָדָיו בְּמִקְוָה
  - יוֹם ח׳ מֵבִיא קָרְבַּן זָב ב׳ תּוֹרִים \ בְּנֵי יוֹנָה: א׳ חַטָּאת, א׳ עוֹלָה זָב

שִׁכְבַת זֶרַע

- טֻמְאַת שִׁכְבַת זֶרַע
  - טְבִילָה
  - טָמֵא עַד הָעֶרֶב
  - כָּל כְּלִי שֶׁיֵּשׁ עָלָיו שִׁכְבַת זֶרַע טוֹבֵל בְּמִקְוָה וְטָמֵא עַד הָעֶרֶב
  - הָאִשָּׁה שֶׁשָּׁכַב עִם הָאִישׁ הנ״ל גַּם טוֹבֶלֶת בְּמִקְוֶה וּטְמֵאָה עַד הָעֶרֶב (גְּזֵרַת מֶלֶךְ שֶׁגַּם הִיא טְמֵאָה וְלֹא שֶׁנָּגְעָה בְּשִׁכְבַת זֶרַע)

נִדָּה

- טֻמְאַת נִדָּה
  - רָאֲתָה דָּם – נִדָּה ז׳ יָמִים
  - כָּל הַנּוֹגֵעַ בְּנִדָּה יִטְמָא עַד הָעֶרֶב
  - הַשּׁוֹכֵב עִם נִדָּה יִטְמָא
  - כָּל דָּבָר שֶׁנִּדָּה שָׁכְבָה אוֹ יָשְׁ בָה עָלָיו יִטְמָא
  - כָּל הַנּוֹגֵעַ בְּדָבָר שֶׁנִּדָּה שָׁכְבָה אוֹ יָשְׁבָה עָלָיו – טוֹבֵל בְּגָדָיו וְטָמֵא עַד הָעֶרֶב (גַּם אִם רוֹכֵב עַל דָּבָר שֶׁנִּדָּה נָגְעָה בּוֹ – הוּא טָמֵא וּבְעֵי טְבִילָה אֲבָל לֹא צָרִיךְ כִּבּוּס בְּגָדָיו)
  - הַשּׁוֹכֵב עִם נִדָּה – הוּא טָמֵא ז׳ יָמִים וְגַם כָּל דָּבָר שֶׁהוּא שׁוֹכֵב עָלָיו יִטְמַא כְּמוֹ נִדָּה

זָבָה

- טֻמְאַת זָבָה
  - אִשָּׁה שֶׁזָּבָה טְמֵאָה ז׳ יָמִים
  - כָּל דָּבָר שֶׁזָּבָה שָׁכְבָה אוֹ יָשְׁבָה עָלָיו יִטְמָא
  - כָּל הַנּוֹגֵעַ בְּדָבָר שֶׁזָּבָה שָׁכְבָה אוֹ יָשְׁבָה עָלָיו טוֹבֵל בְּגָדָיו וְעַצְמוֹ וְטָמֵא עַד הָעֶרֶב
  - אַחַר שֶׁפָּסְקָה מִן הַזִּיבָה – סוֹפֶרֶת ז׳ יָמִים ואח״כ טוֹבֶלֶת

זָבָר

  - בְּיוֹם ח׳ מְבִיאָה ב׳ תּוֹרִים \ בְּנֵי יוֹנָה לַכֹּהֵן : א׳ חַטָּאת, א׳ עוֹלָה

אַחֲרֵי מוֹת

טז. עֲבוֹדַת יוה״כ
יז. שְׁחוּטֵי חוּץ
יח. עֲרָיוֹת

טז.

- לֹא יִכָּנֵס בְּכָל עֵת — יִכָּנֵס
- עֲבוֹדַת כֹּהֵן גָּדוֹל בְּיוה״כ — עֲבוֹדַת יוה״כ
  - פַּר – חַטָּאת
  - אַיִל שֶׁלּוֹ – עוֹלָה

  - טְבִילָה
  - לְבִישַׁת בַּד
  - רְחִיצָה – יָדַיִם וְרַגְלַיִם

  - ב׳ שְׂעִירֵי עִזִּים – חַטָּאת לַעֲזָאזֵל, חַטָּאת לַה׳
  - אַיִל לָעָם – עוֹלָה
  - סְמִיכַת הַפָּר – הַחַטָּאת לְכַפֵּר עָלָיו וְעַל בֵּיתוֹ
  - וִדּוּי הַפָּר

  - הַעֲמָדַת ב׳ שְׂעִירִים
  - גּוֹרָלוֹת
  - שְׁחִיטַת שְׂעִיר לַה׳ – לְשֵׁם חַטָּאת

  - סְמִיכָה ב׳ עַל הַפָּר
  - וִדּוּי – עַל אֶחָיו הַכֹּהֲנִים בְּטֻמְאַת הַמִּקְדָּשׁ וְקָדָשָׁיו
  - שְׁחִיטַת הַפָּר

  - מַקְטִיר הַקְּטֹרֶת בַּקה״ק

ז. — כִּסּוּי

- שְׁחִיטַת חוּץ – חַיָּב כָּרֵת
- אֲכִילַת דָּם
- כִּסּוּי דָּם
- אֲכִילַת נְבֵלָה וּטְרֵפָה – טְבִילָה וְהַעֲרֵב שֶׁמֶשׁ

יח.

- בְּחֻקֹּתֵיהֶם לֹא תֵלֵכוּ
- תִּקְרַב
- עֲרָיוֹת
  - אָב
  - אֵם
  - אֵשֶׁת אָב
  - אָחוֹת
  - נֶכְדָּה
  - בַּת אֵשֶׁת אָב
  - דּוֹדָה
  - דּוֹד
  - אֵשֶׁת אַח
  - אֵם וּבִתָּהּ
  - אֵם וְנֶכְדָּתָהּ
  - נִדָּה
  - אֵשֶׁת אִישׁ
  - מֹלֶךְ
  - מִשְׁכַּב זָכָר
  - בְּהֵמָה – אִישׁ
  - בְּהֵמָה – אִשָּׁה

- וְתָקִיא הָאָרֶץ
- אַזְהָרָה לְבי״ד לִשְׁמֹר עִנְיָנֵי עֲרָיוֹת

יִקְרַב

אָב
אֵם
אֵשֶׁת אָב
אָחוֹת
בַּת הַבֵּן
בַּת הַבַּת
בַּת
בַּת אֵשֶׁת אָב
אֲחוֹת אָב
אֲחוֹת אֵם
אֲחִי הָאָב
אֵשֶׁת אֲחִי הָאָב
אֵשֶׁת הַבֵּן
אֵשֶׁת אָח
אִשָּׁה וּבִתָּהּ
אִשָּׁה וּבַת בְּנָהּ
אִשָּׁה וּבַת בִּתָּהּ
אֲחוֹת אִשְׁתּוֹ
נִדָּה
מֹלֶךְ
מִשְׁכָּב
בְּהֵמָה
בְּהֵמָה

קְדוֹשִׁים

יט.	קְדוֹשִׁים
כ.	עוֹנָשִׁים

יט.

- קְדוֹשִׁים תִּהְיוּ
- יִרְאַת אָב וָאֵם
- שְׁמִירַת שַׁבָּת
- שֶׁלֹּא לִפְנוֹת אַחֲרֵי ע״ז
- פֶּסֶל
- פִּגּוּל
- נוֹתָר
- דִּינֵי פֵּאָה, לֶקֶט, פֶּרֶט וְעוֹלֵלוֹת
- דִּינֵי גְנֵיבָה
- דִּינֵי שְׁבוּעַת פִּקָּדוֹן, מָמוֹן וְשֶׁקֶר
- שֶׁלֹּא לִגְזֹל, לַעֲשֹׁק
- שֶׁלֹּא לְקַלֵּל יִשְׂרָאֵל
- שֶׁלֹּא לִתֵּן מִכְשׁוֹל
- דִּינֵי מִשְׁפָּט
- שֶׁלֹּא לְעַוֵּת הַדִּין– שֶׁלֹּא לְכַבֵּד גָּדוֹל
- בְּצֶדֶק תִּשְׁפֹּט עֲמִיתֶךָ
- דִּינֵי בֵּין אָדָם לַחֲבֵרוֹ
  - רְכִילוּת
  - לֹא תַעֲמֹד עַל דַּם רֵעֶךָ
  - שִׂנְאָה
  - תּוֹכֵחָה
  - הַלְבָּנַת פָּנִים
  - לִנְקֹם
  - לִנְטֹר
  - אַהֲבַת יִשְׂרָאֵל
- דִּינֵי כִּלְאַיִם
  - כִּלְאֵי בְּהֵמָה
  - כִּלְאֵי שָׂדֶה

לִירָא
לִפְנוֹת
פֶּסֶל
נוֹתָר
פֵּאָה, פֵּאָה
לֶקֶט,לֶקֶט
עוֹלֵלוֹת, עוֹלֵלוֹת
פֶּרֶט, פֶּרֶט
לִגְנֹב
פִּקָּדוֹן
מָמוֹן
שֶׁקֶר
לַעֲשֹׁק
לִגְזֹל
יְאַחֵר
לְקַלֵּל יְהוּדִי
תָּמִים
לְעַוֵּת
גָּדוֹל
בְּצֶדֶק
רְכִילוּת
דָּם
שִׂנְאָה
תּוֹכֵחָה
הַלְבָּנָה
לִנְקֹם
לִנְטֹר
אַהֲבָה
בְּהֵמָה
שָׂדֶה

- שִׁפְחָה נֶחֱרֶפֶת
- עָרְלָה
- נֶטַע רְבָעִי
- דִּינֵי ע״ז
  - לְנַחֵשׁ
  - לְעוֹנֵן
  - פְּאַת הָרֹאשׁ
  - פְּאַת הַזָּקָן
- שֶׂרֶט
- קַעֲקַע
- אַל תְּזְנֶה בִּתְּךָ
- יִרְאַת בֵּית הַמִּקְדָּשׁ
- מַעֲשֶׂה אוֹב
- מַעֲשֶׂה יִדְעוֹנִי
- לְכַבֵּד לוֹמְדֵי תּוֹרָה
- אַהֲבַת הַגֵּר
- שֶׁלֹּא לַעֲשׂוֹת עָוֶל בְּמָשָׂא וּבְמַתָּן
- לְצַדֵּק הַמִּשְׁקָלוֹת

עָרְלָה
נֶטַע רְבָעִי
יִזְרֹק
לְנַחֵשׁ
לְעוֹנֵן
פְּאַת הָרֹאשׁ
פְּאַת הַזָּקָן
קַעֲקַע
לִירָא
אוֹב
יִדְעוֹנִי
לְכַבֵּד
אַהֲבָה
עָוֶל
לְצַדֵּק

כ.

- מֹלֶךְ - סְקִילָה
- שְׁאֵלַת אוֹב - כָּרֵת
- שְׁאֵלַת יִדְעוֹנִי - כָּרֵת
- מְקַלֵּל או״א - סְקִילָה
- נִאוּף - חֶנֶק
- אִסּוּרֵי עֲרָיוֹת
  - אֵשֶׁת אָבִיו – סְקִילָה
  - כַּלָּתוֹ – סְקִילָה
  - מִשְׁכַּב זָכָר –סְקִילָה
  - אִשָּׁה וּבִתָּהּ – שְׂרֵפָה
  - בְּהֵמָה – סְקִילָה
  - נִדָּה – כָּרֵת
  - דּוֹדָה – עֲרִירִים יָמוּתוּ
  - אֵשֶׁת אָחִיו – עֲרִירִים יָמוּתוּ
- לֹא תֵלְכוּ בְּחֻקּוֹת הַגּוֹיִם
- הִבְדַּלְתִּי אֶתְכֶם מִן הָעַמִּים

קַלֵּל או״א
שְׂרֵפָה
חקּוֹת

- מַעֲשֶׂה אוֹב– סְקִילָה
- מַעֲשֶׂה יִדְעוֹנִי – סְקִילָה

אֱמֹר

כא. כֹּהֲנִים – כ״ג
כב. אָדָם טָמֵא – מוּם בִּבְהֵמָה
כג. שַׁבָּת – פֶּסַח – שָׁבוּעוֹת – ר״ה – סֻכּוֹת
כד. מְנוֹרָה – לֶחֶם הַפָּנִים – מְקַלֵּל

כא.

- דִּינֵי כְּהֻנָּה
- דִּינֵי כ״ג
- מוּם בָּאָדָם

כֹּהֵן
ז׳ קְרוֹבִים
טְבוּל יוֹם
זוֹנָה
חֲלָלָה
גְּרוּשָׁה
לְקַדֵּשׁ הַכֹּהֵן
כ״ג
כ״ג
כ״ג בְּתוּלָה
כ״ג אַלְמָנָה
כ״ג אַלְמָנָה
בַּעַל מוּם יַעֲבֹד
בַּעַל מוּם עוֹבֵר
בַּעַל מוּם יִכָּנֵס

כב.

- אָדָם טָמֵא
- גֵּר
- מוּם בִּבְהֵמָה
- חִלּוּל וְקִדּוּשׁ ה׳

יַעֲבֹד
טָמֵא
זָר
שָׂכִיר
עָרֵל
חֲלָלָה
טֶבֶל
מוּם
תָּמִים
יָטִיל
יִזְרֹק
יִשְׁחֹט
יַקְטִיר
לְסָרֵס
גּוֹיִם
שְׁמִינִי
אוֹתוֹ
חִלּוּל ה׳
קִדּוּשׁ ה׳

כג.

- שַׁבָּת
- פֶּסַח
- עֹמֶר
- סְפִירָה
- ב׳ הַלֶּחֶם
- שָׁבוּעוֹת
- ר״ה
- יוה״כ
- סֻכּוֹת
- שְׁמִינִי חַג
- לוּלָב
- סֻכָּה

כד.

- נֵר תָּמִיד בִּמְנוֹרָה
- לֶחֶם הַפָּנִים
- מְקַלֵּל - סְקִילָה
- אַזְהָרוֹת
  - לִמְקַלֵּל ה׳
  - לָהוֹרֵג נֶפֶשׁ אָדָם
  - לָהוֹרֵג נֶפֶשׁ בְּהֵמָה
  - לָעוֹשֶׂה מוּם בַּחֲבֵרוֹ

פֶּסַח לִשְׁבּוֹת
פֶּסַח מְלָאכָה
מוּסָף פֶּסַח [חינוך]
פֶּסַח לִשְׁבּוֹת
פֶּסַח מְלָאכָה
עֹמֶר
חָדָשׁ
קָלִי
כַּרְמֶל
לִסְפּוֹר
שְׁתֵּי הַלֶּחֶם
שָׁבוּעוֹת לִשְׁבּוֹת
שָׁבוּעוֹת מְלָאכָה
ר״ה לִשְׁבּוֹת
ר״ה מְלָאכָה
מוּסָף ר״ה [חינוך]
עִנּוּי
מוּסָף יוה״כ [חינוך]
מְלָאכָה
אֲכִילָה
לִשְׁבּוֹת
סֻכּוֹת לִשְׁבּוֹת
סֻכּוֹת מְלָאכָה
מוּסָף סֻכּוֹת [חינוך]
שְׁמִינִי לִשְׁבּוֹת
מוּסָף שְׁמִינִי ח״ע [חינוך]
שְׁמִינִי מְלָאכָה
לוּלָב
סֻכָּה

בְּהַר

כה. שְׁמִיטָה – יוֹבֵל
כו. פֶּסֶל – מַצֵּבָה – אֶבֶן

כה.

- דִּינֵי שְׁמִיטַת הָאָרֶץ
- דִּינֵי יוֹבֵל
- מ״מ – אוֹנָאַת מָמוֹן, אוֹנָאַת דְּבָרִים
- וְצִוִּיתִי אֶת בִּרְכָתִי
- שְׂדֵה אֲחֻזָּה
- בָּתֵּי עָרֵי חוֹמָה
- בָּתֵּי חֲצֵרִים
- עָרֵי לְוִיִּם
- וְחַי אָחִיךָ עִמָּךְ
- רִבִּית
- דִּינֵי עֶבֶד עִבְרִי
- דִּינֵי עֶבֶד יְהוּדִי לְגוֹי

תַּעֲבֹד
אִילָן
יִקְצֹר
יִבְצֹר
לִסְפֹּר
לִתְקֹעַ
לְקַדֵּשׁ
תַּעֲבֹד
יִקְצֹר
יִבְצֹר
מִקָּח וּמִמְכָּר
אוֹנָאַת-מָמוֹן
אוֹנָאַת-דְּבָרִים
נֶצַח
גְּאֻלָּה
בָּתִּים
עָרִים
רִבִּית
עֶבֶד
מְכִירָה
פֶּרֶךְ
לְעוֹלָם
לִרְדּוֹת

כו.

- פֶּסֶל
- מַצֵּבָה
- אֶבֶן
- אֶת שַׁבְּתֹתַי תִּשְׁמֹרוּ
- וּמִקְדָּשִׁי תִּירָאוּ

אֶבֶן

בְּחֻקֹּתַי

כו. כו. בְּרָכוֹת - תּוֹכֵחָה כז. כז. עֲרָכִין

כו.

- שְׂכַר קִיּוּם הַתּוֹרָה – בְּרָכוֹת
- וְאִם לֹא תַּעֲשׂוּ הַמִּצְוֹת – תּוֹכֵחָה
- גָּלוּת
- וְאַף גַּם זֹאת... לֹא מְאַסְתִּים

כז.

- עֶרְכֵּי אָדָם 50 שקְ׳
- עֶרְכֵּי בְּהֵמָה 30 שקְ׳
- עֶרְכֵּי בָּתִּים 20 שקְ׳
- עֶרְכֵּי שָׂדֶה 10 שקְ׳
- נִכְסֵי חֵרֶם 5 שקְ׳
- לֹא יִמָּכֵר וְלֹא יִגָּאֵל חֵרֶם
- לְהַפְרִישׁ מַעֲשֵׂר בְּהֵמָה
- שֶׁלֹּא יִגָּאֵל מַעֲשֵׂר בְּהֵמָה

אָדָם
יָמִיר
שְׁנֵיהֶם
בְּהֵמָה
בָּתִּים
שָׂדֶה
יְשַׁנֶּה
נְכָסִים
יִמָּכֵר חֵרֶם
יִגָּאֵל חֵרֶם
מַעֲשֵׂר
יִגְאַל

בַּמִּדְבָּר

א. חֶשְׁבּוֹן הַשְּׁבָטִים
ב. מַחֲנוֹת יִשְׂרָאֵל
ג. לְוִיִּם תַּחַת בְּכוֹרִים – עֲבוֹדַת גֵּרְשׁוֹן, קְהָת וּמְרָרִי
ד. עֲבוֹדַת קְהָת

א.

- חֶשְׁבּוֹן ב״י 20 – 60
- י״ב נְשִׂיאִים
- רְאוּבֵן 46,500
- שִׁמְעוֹן 59,300
- גָּד 46,650
- יְהוּדָה 74,600
- יִשָּׂשכָר 54,400
- זְבוּלֻן 57,400
- אֶפְרַיִם 40,500
- מְנַשֶּׁה 32,200
- בִּנְיָמִין 35,400
- דָּן 62,700
- אָשֵׁר 41,500
- נַפְתָּלִי 53,400
- Total 603,550
- לְוִיִּם לֹא בִּכְלָל
- עֲבוֹדַת הַלְוִיִּם

ב.

- אִישׁ עַל דִּגְלוֹ
- מַחֲנֵה יְהוּדָה מִזְרָח
- מַטֵּה יְשָׂשכָר מִזְרָח
- מַטֵּה זְבוּלֻן מִזְרָח
- total 186,400
- מַחֲנֵה רְאוּבֵן דָּרוֹם
- מַטֵּה שִׁמְעוֹן דָּרוֹם
- מַטֵּה גָּד דָּרוֹם
- total 151,540
- מַחֲנֵה לְוִיִּם
- מַחֲנֵה אֶפְרַיִם מַעֲרָב
- מַטֵּה מְנַשֶּׁה מַעֲרָב
- מַטֵּה בִּנְיָמִין מַעֲרָב
- total 108,130
- מַחֲנֶה דָּן צָפוֹן
- מַטֵּה אָשֵׁר צָפוֹן
- מַטֵּה נַפְתָּלִי צָפוֹן
- total 157,600
- total 603,550

ג.

- תּוֹלְדוֹת אַהֲרֹן
- לְוִיִּם יְשַׁרְתוּ
- לְוִיִּם תַּחַת כָּל בְּכוֹר
- חֶשְׁבּוֹן הַלְוִיִּם
  - גֵּרְשׁוֹן לִבְנִי, שִׁמְעִי
  - קְהָת עַמְרָם, יִצְהָר, חֶבְרוֹן, עֻזִּיאֵל
  - מְרָרִי מַחְלִי, מוּשִׁי
- גֵּרְשׁוֹן (מִבֶּן חֹדֶשׁ) 7,500 מַעֲרָב
- עֲבוֹדָתָם:
  - אֹהֶל
  - מִכְסֵהוּ
  - מָסַךְ פֶּתַח אֹהֶל מוֹעֵד
  - מָסַךְ פֶּתַח הֶחָצֵר
  - מֵיתָרָיו

- קְהָת (מִבֶּן חֹדֶשׁ) 8,600 דָּרוֹם
- עֲבוֹדָתָם:
  - אָרוֹן, שֻׁלְחָן, מְנוֹרָה, מִזְבְּחוֹת (אשמ״מ)
  - מָסַךְ ק״ק
- מְרָרִי (מִבֶּן חֹדֶשׁ) 6,200 צָפוֹן
- עֲבוֹדָתָם:
  - קְרָשִׁים
  - בְּרִיחִים
  - עַמּוּדִים
  - אֲדָנִים
  - עַמּוּדֵי הֶחָצֵר
  - אַדְנֵיהֶם
  - יְתֵדֹתָם
  - מֵיתְרֵיהֶם
- חֶשְׁבּוֹן כָּל הַלְוִיִּם 22,000
- חֶשְׁבּוֹן כָּל בְּכוֹרֵי ב״י 22,273
- פִּדְיוֹן ״273״ חָמֵשׁ שֶׁקֶל לְאַהֲרֹן

ד.

- חֶשְׁבּוֹן קְהָת 30-50
- עֲבוֹדַת קְהָת ק״ק
  - מָסַךְ ק״ק לְכַסּוֹת הָאָרוֹן
  - כִּסּוּי הַשֻּׁלְחָן
  - מְנוֹרָה
  - מִזְבַּח הַזָּהָב
  - כָּל כְּלֵי שָׁרֵת
  - מִזְבַּח הַנְּחֹשֶׁת
  - כָּל כְּלֵי הַמִּזְבֵּחַ
- אח״כ בָּאוּ בְּנֵי קְהָת לָשֵׂאת
- פְּקֻדַּת אֶלְעָזָר: שֶׁמֶן, קְטֹרֶת, שֶׁמֶן הַמִּשְׁחָה
- אַל תַּכְרִיתוּ מִשְׁפַּחַת קְהָת מִתּוֹךְ הַלְוִיִּם

נָשֹׂא

ד. גֵּרְשׁוֹן מְרָרִי
ה. סוֹטָה
ו. נָזִיר - בִּ׳ כֹּהֲנִים
ז. קִ׳ נְשִׂיאִים

ד.

- חֶשְׁבּוֹן גֵּרְשׁוֹן
- עֲבוֹדַת גֵּרְשׁוֹן
- חֶשְׁבּוֹן מְרָרִי
- עֲבוֹדַת מְרָרִי
- חֶשְׁבּוֹן קְהָת
- חֶשְׁבּוֹן גֵּרְשׁוֹן
- חֶשְׁבּוֹן מְרָרִי

ה.

- יְשַׁלְּחוּ טְמֵאִים
- תְּשׁוּבָה
- קִ׳ אָשָׁם וְחֹמֶשׁ
- סוֹטָה
- קִ׳ סוֹטָה

יִשְׁלַח טָמֵא
יִכָּנֵס טָמֵא
תְּשׁוּבָה

סוֹטָה
שֶׁמֶן
לְבוֹנָה

ו.

- נָזִיר
- קִ׳ נָזִיר
  - שֶׁהִפְסִיד נְזִירוּתוֹ
- קִ׳ נָזִיר
  - עוֹלָה
  - חַטָּאת
  - שְׁלָמִים
  - סַל מַצּוֹת
  - רְקִיקֵי מַצּוֹת
  - מִנְחָה
  - נְסָכִים
- בִּ׳ כֹּהֲנִים

יַיִן
עֲנָבִים
צִמּוּקִים
חַרְצַנִּים
זָגִים

לְגַלֵּחַ
שְׂעָרוֹ
אֹהֶל
טָמֵא
לְגַלֵּחַ

בִּרְכַּת כֹּהֲנִים
אָרוֹן

ז.

- מֹשֶׁה מָשַׁח אֶת הַמִּשְׁכָּן
- יב׳ נְשִׂיאִים הֵבִיאוּ קָרְבְּנוֹתֵיהֶם
  - יוֹם א – יְהוּדָה
  - יוֹם ב – יְשָׂשכָר
  - יוֹם ג – זְבוּלֻן
  - יוֹם ד – רְאוּבֵן
  - יוֹם ה – שִׁמְעוֹן
  - יוֹם ו – גָּד
  - יוֹם ז – אֶפְרַיִם
  - יוֹם ח – מְנַשֶּׁה
  - יוֹם ט – בִּנְיָמִין
  - יוֹם י – דָּן
  - יוֹם יא – אָשֵׁר
  - יוֹם יב – נַפְתָּלִי

בְּהַעֲלֹתְךָ

ח.	מְנוֹרָה – טַהֲרַת הַלְוִיִּם
ט.	פֶּסַח א׳ ב׳
י.	חֲצוֹצְרוֹת – סֵדֶר נְסִיעָתָן
יא.	מִתְאוֹנְנִים – בָּשָׂר שַׂלְוִים
יב.	מִרְיָם לשה״ר

ח.

- הַדְלָקַת הַמְּנוֹרָה ע״י אַהֲרֹן בְּכָל יוֹם
- טַהֲרַת הַלְוִיִּם

ט.

- פֶּסַח א׳ בַּמִּדְבָּר
- פֶּסַח ב׳
- עָנָן לַיּוֹם, אֵשׁ לַלַּיְלָה
- נְסִיעוֹת – עָנָן

שֵׁנִי
אֲכִילָה
תּוֹתִירוּ
עֶצֶם

י.

תַּעֲנִית
חֲצוֹצְרוֹת [חינוך]

- חֲצוֹצְרוֹת כֶּסֶף
- סֵדֶר הַנְּסִיעוֹת
- יִתְרוֹ חָזַר
- וַיְהִי בִּנְסֹעַ הָאָרוֹן

יא.

- מִתְאוֹנְנִים
- בָּשָׂר!
- ״לֹא אוּכַל אָנֹכִי לְבַדִּי לָשֵׂאת״
- ע׳ זְקֵנִים
- אֶלְדָּד וּמֵידָד
- שַׂלְוִים
- קִבְרוֹת הַתַּאֲוָה
- בנ״י נָסְעוּ מִקִּבְרוֹת הַתַּאֲוָה לַחֲצֵרוֹת

יב.
- מִרְיָם וְאַהֲרֹן לשה״ר
- וְהָאִישׁ מֹשֶׁה עָנָו מְאֹד
- צָרַעַת מִרְיָם
- "רְפָא נָא לָהּ"
- ז' יָמִים
- חֲצֵרוֹת לְמִדְבַּר פָּארָן

שְׁלַח

יג.	שְׁלַח
יד.	מ׳ שָׁנָה
טו.	נְסָכִים – מְקֹשֵׁשׁ – צִיצִת

יג.

- שְׁלַח לְךָ
- יב׳ נְשִׂיאִים
- הוֹשֵׁעַ – יְהוֹשֻׁעַ
- לָקְחוּ פֵּרוֹת גְּדוֹלוֹת
- חָזְרוּ בְּסוֹף מ׳ יוֹם
- סִפּוּר רַע
- כָּלֵב: ״נוּכַל״
- מְרַגְּלִים: ״לֹא נוּכַל״

יד.

- וַיִּבְכּוּ הָעָם
- וַיִּלֹּנוּ עַל מֹשֶׁה
- ״נִתְּנָה רֹאשׁ (ע״ז) וְנָשׁוּבָה מִצְרָיְמָה״
- יְהוֹשֻׁעַ וְכָלֵב: ״טוֹבָה הָאָרֶץ מְאֹד מְאֹד״
- הָעָם רָצוּ לִרְגֹּם אוֹתָם
- ״עַד אָנָה לֹא יַאֲמִינוּ בִי בְּכֹל הָאוֹתוֹת אֲשֶׁר עָשִׂיתִי בְּקִרְבּוֹ״
- ״אַכֶּנּוּ בַדֶּבֶר... וְאֶעֱשֶׂה אֹתְךָ לְגוֹי גָּדוֹל״
- מֹשֶׁה הִתְחַנֵּן לִפְנֵי ה׳ וְהִזְכִּיר יג׳ מִדּוֹת
- ״סָלַחְתִּי כִּדְבָרֶךָ... חַי אָנִי... אִם יִרְאוּ אֶת הָאָרֶץ״
- גְּזֵרַת מ׳ שָׁנָה
- וַיָּמֻתוּ הָאֲנָשִׁים... בַּמַּגֵּפָה
- וַיִּתְאַבְּלוּ הָעָם מְאֹד
- עָלוּ בְּלִי רְשׁוּת וַעֲמָלֵק הִכּוּ אוֹתָם

טו.

- מִנְחָה
- נִסּוּךְ יַיִן
- חַלָּה חַלָּה
- אִם כָּל הָעֵדָה עָשְׂתָה ע״ז בִּשְׁגָגָה (ע״פ ב״ד),
הֵבִיאוּ פַּר א׳ לְעוֹלָה וְשֵׂעִיר עִזִּים לְחַטָּאת עִם מִנְחָה
- חַטָּאת יָחִיד לע״ז
- מְגַדֵּף
- מְקֹשֵׁשׁ
- צִיצִית צִיצִית
    - תְּכֵלֶת
    - שְׁמִירַת הָעֵינַיִם
    - זְכִירַת כָּל תרי״ג מִצְוֹת
    - עֲשִׂיַּת כָּל תרי״ג מִצְוֹת תָּתוּרוּ
    - לֹא תָתוּרוּ אַחֲרֵי לְבַבְכֶם – ע״ז
    - וְאַחֲרֵי עֵינֵיכֶם – זְנוּת
    - וִהְיִיתֶם קְדוֹשִׁים
    - זְכִירַת יְצִיאַת מִצְרַיִם

קֹרַח

טז.	קֹרַח
יז.	וַיִּלֹּנוּ – מַגֵּפָה – מַטֵּה אַהֲרֹן
יח.	שְׁמִירַת וַעֲבוֹדַת בהמ״ק – כדי מַתְּנוֹת כְּהֻנָּה

טז.

- קֹרַח הַקְהֵל 250 עַל מֹשֶׁה
- לְהָבִיא לְמָחָר קְטֹרֶת
- מֹשֶׁה בִּקֵּשׁ שָׁלוֹם מִקֹּרַח וְדָתָן וַאֲבִירָם
- ״לֹא נַעֲלֶה...״
- ״אַל תֵּפֶן אֶל מִנְחָתָם...״
- קֹרַח הַקְהֵל כָּל הָעֵדָה
- ״אֲכַלֶּה אֹתָם״
- ״הָאִישׁ א׳ יֶחֱטָא וְעַל כָּל הָעֵדָה תִּקְצֹף?!״
- ״אִם כְּמוֹת כָּל אָדָם יְמֻתוּן אֵלֶּה... לֹא ה׳ שְׁלָחָנִי״
- וַתִּפְתַּח הָאָרֶץ אֶת פִּיהָ
- אֵשׁ שָׂרַף 250

יז.

- מַחְתּוֹת הָרְשָׁעִים נַעֲשׂוּ צִפּוּי לַמִּזְבֵּחַ לְאוֹת לֹא לִהְיוֹת כְּקֹרַח וְכַעֲדָתוֹ
- וַיִּלֹּנוּ עַל מֹשֶׁה וְאַהֲרֹן ״אַתֶּם הֲמִתֶּם אֶת עַם ה׳״
- מַגֵּפָה
- אַהֲרֹן קְטֹרֶת
- 24,700 מֵתוּ בַּמַּגֵּפָה
- יב׳ מַטּוֹת
- מַטֵּה אַהֲרֹן פָּרַח
- מַטֵּה אַהֲרֹן נִתַּן אֵצֶל הַלּוּחוֹת לְאוֹת שֶׁרַק הַלְוִיִּם עוֹבְדִים בְּבהמ״ק
- בנ״י צָעֲקוּ שֶׁכָּל הָעוֹבֵד בְּבהמ״ק יָמוּת!

יח.

- לְוִיִּם יִשְׁמְרוּ אֶת הַמִּקְדָּשׁ שֶׁלֹּא יִכָּנֵס זָר
- עֲבוֹדַת בהמ"ק עַל אַהֲרֹן (כֹּהֲנִים) וּלְוִיִּם
- מַתְּנוֹת כְּהֻנָּה
- מַתְּנוֹת לְוִיָּה מַעֲשֵׂר רִאשׁוֹן
- תְּרוּמַת מַעֲשֵׂר

לִשְׁמֹר
חֲבֵרוֹ
זָר
לִשְׁמֹר
פִּדְיוֹן
יִפְדֶּה
לֵוִי
מַעֲשֵׂר רִאשׁוֹן
תְּרוּמַת מַעֲשֵׂר

חֻקַּת

יט. פָּרָה
כ. וַיַּךְ אֶת הַסֶּלַע
כא. נְחָשִׁים – מַסָּעוֹת – סִיחוֹן וְעוֹג

יט.

פָּרָה

- פָּרָה אֲדֻמָּה
  - תְּמִימִים
  - אֵין בָּהּ מוּם
  - לֹא הָיָה עָלֶיהָ עוֹל
  - שְׁחִיטָתָהּ ע״י זָר לִפְנֵי הַסְּגָן חוּץ לַמַּחֲנֶה
  - הַזָּאַת דָּמוֹ ז׳ פְּעָמִים מוּל שַׁעַר הַמִּזְרָח וְהַהֵיכָל
  - שְׂרֵיפַת הַפָּרָה
  - עֵץ אֶרֶז
  - אֵזוֹב
  - שְׁנִי תּוֹלַעַת
  - טְבִילַת בִּגְדֵי הַכֹּהֵן
  - טְבִילַת הַכֹּהֵן
  - טָמֵא עַד הָעֶרֶב
  - טְבִילַת בִּגְדֵי הַכֹּהֵן הַשּׂוֹרֵף אֶת הַפָּרָה
  - טְבִילַת הַכֹּהֵן הַשּׂוֹרֵף אֶת הַפָּרָה
  - טָמֵא עַד הָעֶרֶב (ואח״כ נִכְנָס לַמַּחֲנֶה שְׁכִינָה)
  - אִישׁ טָהוֹר לָקַח אֵפֶר הַפָּרָה
  - הִנִּיחָם בְּמָקוֹם טָהוֹר חוּץ לַמַּחֲנֶה
  - אח״כ טָבַל בְּגָדָיו וְעַצְמוֹ
  - טָמֵא עַד הָעֶרֶב

טֻמְאַת מֵת

- טָמֵא מֵת
  - טָמֵא מֵת – ז׳ יָמִים
  - טַהֲרָה ע״י זְרִיקַת מֵי חַטָּאת בְּיוֹם ג׳ וז׳
  - הַנִּכְנָס לַמִּשְׁכָּן וְטֻמְאָתוֹ עָלָיו חַיָּב כָּרֵת
  - אָדָם כִּי יָמוּת בָּאֹהֶל
  - כָּל דָּבָר הַבָּא לָאֹהֶל יִטְמָא ז׳ יָמִים
  - כְּלִי חֶרֶס שֶׁאֵין עָלָיו צָמִיד פָּתִיל שֶׁבְּבֵית הַטָּמֵא אוֹ בְּאֹהֶל הַטָּמֵא יִטְמָא ז׳ יָמִים
  - הַנּוֹגֵעַ בַּחֲלַל חֶרֶב
  - בְּמֵת אוֹב רְבִיעִית דָּם הַמֵּת
  - בְּעֶצֶם הַמֵּת
  - בְּקֶבֶר הַמֵּת

- טַהֲרַת טָמֵא מֵת
  - תִּקַּח מֵעֲפַר הַפָּרָה
  - תִּקַּח כְּלִי מָלֵא מַיִם חַיִּים
  - תָּשִׂים עֲפַר הַפָּרָה בְּתוֹךְ הַכְּלִי שֶׁל מַיִם הַחַיִּים
  - אִישׁ טָהוֹר יִקַּח אֵזוֹב וְטָבְלוֹ בְּמַיִם הַחַיִּים
  - הֲזָאָה עַל אֹהֶל הַמֵּת
  - עַל הַכֵּלִים שֶׁהָיוּ בָּאֹהֶל
  - עַל הָאֲנָשִׁים שֶׁהָיוּ בָּאֹהֶל
  - עַל הַנּוֹגֵעַ בְּעֶצֶם
  - עַל חֲלַל חֶרֶב
  - עַל הַמֵּת
  - עַל קֶבֶר הַמֵּת
  - הֲזָאָה עַל טָמֵא מֵת בְּיוֹם ג׳ וּבְיוֹם ז׳
  - אח״כ יִטְבֹּל הוּא וּבְגָדָיו בְּמִקְוֶה
  - טָמֵא עַד הָעֶרֶב
  - אֲפִלּוּ טָבַל אֲבָל בְּלִי הֲזָאָה בְּיוֹם ג׳ וּבְיוֹם ז׳ וְנִכְנַס לַמִּשְׁכָּן – חַיָּב כָּרֵת
  - הַנּוֹשֵׂא מֵי חַטָּאת – הוּא וְגַם בְּגָדָיו יִטָּמְאוּ
  - הַנּוֹגֵעַ בְּמֵי חַטָּאת – הוּא יִטְמָא אֲבָל לֹא בְּגָדָיו

כ.

- בנ״י בָּאוּ לְקָדֵשׁ בַּמִּדְבָּר צִין
- מִיתַת מִרְיָם
- לֹא הָיוּ מַיִם לָעֵדָה
- וַיִּקָּהֲלוּ עַל מֹשֶׁה וְאַהֲרֹן
- ״וְדִבַּרְתֶּם אֶל הַסֶּלַע״
- ״שִׁמְעוּ נָא הַמּוֹרִים״
- וַיַּךְ אֶת הַסֶּלַע
- גְּזֵרָה עַל מֹשֶׁה וְאַהֲרֹן שֶׁלֹּא יִכָּנְסוּ לְא״י
- מֹשֶׁה שָׁלַח לֶאֱדוֹם ״נַעְבְּרָה נָא בְּאַרְצֶךָ״
- ״לֹא תַעֲבֹר״
- מִיתַת אַהֲרֹן בְּהֹר הָהָר
- וַיִּבְכּוּ... כָּל בֵּית יִשְׂרָאֵל

כא.

- הַכְּנַעֲנִי עָשׂוּ מִלְחָמָה עִם ב״י וְשָׁבוּ שֶׁבִי
- ב״י עָשׂוּ נֶדֶר שֶׁאִם יְנַצְּחוּ יַעֲשׂוּ חֵרֶם עַל עִירָם
- נֶפֶשׁ הָעָם קָצְרָה בַּמָּן וּבִקְשׁוּ מַיִם וְלֶחֶם
- ה׳ שָׁלַח הַנְּחָשִׁים
- מֹשֶׁה עָשָׂה נְחַשׁ הַנְּחֹשֶׁת
- מַסָּעוֹת:
  - אֹבֹת
  - עִיֵּי הָעֲבָרִים
  - נַחַל זָרֶד
  - עֵבֶר אַרְנוֹן
- שִׁירַת יִשְׂרָאֵל ״עֲלִי בְאֵר״
  - מַתָּנָה
  - נַחֲלִיאֵל
  - בָּמוֹת
- יִשְׂרָאֵל שָׁלַח לְסִיחוֹן
- ״אֶעְבְּרָה נָא בְּאַרְצֶךָ״
- וַיִּלָּחֶם בְּיִשְׂרָאֵל
- וַיַּכֵּהוּ יִשְׂרָאֵל
- וַיֵּצֵא עוֹג מֶלֶךְ הַבָּשָׁן
- וַיַּכּוּ אֹתוֹ

כב.

- וַיַּחֲנוּ בְּעַרְבוֹת מוֹאָב בְּעֵבֶר הַיַּרְדֵּן

בָּלָק

כב. בָּלָק – בִּלְעָם
כג. קְלָלָה – בְּרָכָה 2X
כד. קְלָלָה – בְּרָכָה 1X
כה. פְּעוֹר פִּנְחָס

כב.

- בָּלָק שָׁלַח זִקְנֵי מוֹאָב וּמִדְיָן לְבִלְעָם
- "לֹא תֵלֵךְ עִמָּהֶם"
- וַיִּשְׁלַח בָּלָק פַּעַם ב׳
- "לֵךְ אִתָּם"
- מַלְאַךְ ה׳ ג׳ פְּעָמִים
- וַיִּפְתַּח ה׳ אֶת פִּי הָאָתוֹן
- וַיֵּצֵא בָּלָק לִקְרָאתוֹ

כג.

- ז׳ מִזְבְּחוֹת – פָּר וְאַיִל עַל כָּל מִזְבֵּחַ
- בְּרָכָה #1
- ז׳ מִזְבְּחוֹת – פָּר וְאַיִל עַל כָּל מִזְבֵּחַ
- בְּרָכָה #2
- ז׳ מִזְבְּחוֹת – פָּר וְאַיִל עַל כָּל מִזְבֵּחַ

כד.

- בְּרָכָה #3
- עֲצַת בִּלְעָם

כה.

- וַיָּחֶל הָעָם לִזְנוֹת
- ה׳ שָׁלַח מַגֵּפָה
- פִּנְחָס הִכָּה אֶת זִמְרִי וְכָזְבִּי
- 24,000 מֵתִים

פִּנְחָס

כה.	פִּנְחָס
כו.	חֶשְׁבּוֹן ב״י
כז.	צְלַפְחָד – יְהוֹשֻׁעַ
כח.	תָּמִיד – מוּסָף שַׁבָּת – ר״ח – פֶּסַח – שָׁבוּעוֹת
כט.	מוּסָף ר״ה – יוה״כ – סֻכּוֹת – שְׁמִינִי חַג הָעֲצֶרֶת

כה.

- בְּרִית שָׁלוֹם
- ״צָרוֹר אֶת הַמִּדְיָנִים״

כו.

- חֶשְׁבּוֹן ב״י
- חֲלוּקַת הָאָרֶץ אִישׁ לְפִי פְּקֻדָּתוֹ וְע״פ גּוֹרָל
- חֶשְׁבּוֹן הַלְוִיִּם

כז.

- בְּנוֹת צְלָפְחָד – ״תְּנָה לָּנוּ אֲחֻזָּה״ נְחָלוֹת
- ״נָתֹן תִּתֵּן לָהֶם אֲחֻזַּת נַחֲלָה״
- דִּין נַחֲלָה לְבַת כְּשֶׁאֵין בֵּן
- מֹשֶׁה הִתְכּוֹנֵן לָמוּת
- ״קַח לְךָ אֶת יְהוֹשֻׁעַ בִּן נוּן״
- וַיִּסְמֹךְ אֶת יָדָיו

כח.

- ק׳ תָּמִיד תָּמִיד
- ק׳ מוּסָף
  - שַׁבָּת מוּסָף שַׁבָּת
  - ר״ח מוּסָף ר״ח
  - פֶּסַח מוּסָף פֶּסַח
  - שָׁבוּעוֹת מוּסָף שָׁבוּעוֹת

כט.

- ק׳ מוּסָף
  - ר״ה
  - יוה״כ
  - סֻכּוֹת
  - שְׁמִינִי חַג הָעֲצֶרֶת

שׁוֹפָר
מוּסָף ר״ה
מוּסָף יוה״כ
מוּסָף שְׁמִינִי ח״ע
מוּסף סֻכּוֹת

מַטּוֹת

ל. נְדָרִים
לא. נִקְמַת מִדְיָן
לב. תְּנָאֵי גָּד וּרְאוּבֵן

ל.

- נְדָרִים
- נִדְרֵי אִשָּׁה בְּבֵית אָבִיהָ
- נִדְרֵי אִשָּׁה בְּבֵית בַּעֲלָהּ
- נִדְרֵי אַלְמָנָה וּגְרוּשָׁה

מֵפֵר
יַחֵל

לא.

- נִקְמַת מִדְיָן
- 12,000 חֲלוּצֵי צָבָא
- פִּנְחָס עִם אָרוֹן וַחֲצוֹצְרוֹת
- וַיַּהַרְגוּ כָּל זָכָר... וְאֶת מַלְכֵי מִדְיָן
- לָקְחוּ אֶת נְשֵׁי מִדְיָן בְּשֶׁבִי עִם בְּהֶמְתָּם וְשָׁלָל
- וַיִּקְצֹף מֹשֶׁה
- כָּל הוֹרֵג נֶפֶשׁ וְנוֹגֵעַ בֶּחָלָל צָרִיךְ זְרִיקַת מֵי חַטָּאת בְּיוֹם ג׳ וּבְיוֹם ז׳
- טְבִילַת כֵּלִים
- חֲלוּקַת הַשָּׁלָל

לב.

- מִקְנֶה רְאוּבֵן וְגָד הָיָה עָצוּם מְאֹד
- בַּקָּשַׁת רְאוּבֵן וְגָד
- תּוֹכֵחַת מֹשֶׁה
- תְּשׁוּבַת רְאוּבֵן וְגָד לַעֲזוֹר לִבְ״י בְּנַחֲלַת א״י
- מֹשֶׁה נָתַן תְּנַאי
- חֲלוּקַת עֵבֶר הַיַּרְדֵּן לִרְאוּבֵן, גָּד וַחֲצִי מְנַשֶּׁה

מַסְעֵי

לג. מַסָּעוֹת ב״י
לה. עָרֵי לְוִיִּם וּמִקְלָט
לד. גְּבוּל א״י
לו. בְּנוֹת צְלָפְחָד

לג.

- מַסָּעוֹת ב״י
- ״וְהוֹרַשְׁתֶּם... וְאִבַּדְתֶּם אֵת כָּל מַשְׂכִּיֹּתָם וְאֵת כָּל צַלְמֵי מַסֵּכֹתָם״
- ״וְהִתְנַחַלְתֶּם אֶת הָאָרֶץ בְּגוֹרָל״
- ״וְאִם לֹא תוֹרִישׁוּ... וְצָרְרוּ אֶתְכֶם״

לד.

- גְּבוּלוֹת א״י
- שֵׁמוֹת נְשִׂיאֵי הַשְּׁבָטִים אֲשֶׁר יִנְחֲלוּ אֶת הָאָרֶץ

לה.

- עָרִים לַלְוִיִּם
- 1000 א׳ מִגְרָשׁ
- 2000 א׳ תְּחוּם שַׁבָּת
- ו׳ עָרֵי מִקְלָט
- 42 עָרֵי לְוִיִּם
- דִּינֵי רוֹצֵחַ

עָרִים

קֹדֶם
גָּלוּת
עֵד-דַּיָּן
כֹּפֶר
כֹּפֶר

לו.

- טַעֲנַת בְּנֵי גִלְעָד
- חֲתֻנּוֹת רַק בְּתוֹךְ אוֹתוֹ שֵׁבֶט
- בְּנוֹת צְלָפְחָד הִתְחַתְּנוּ עִם בְּנֵי דוֹדֵיהֶן
- אֵלֶּה הַמִּצְוֹת וְהַמִּשְׁפָּטִים אֲשֶׁר צִוָּה ה׳... בְּעַרְבֹת מוֹאָב

רַעְמְסֵס
סֻכֹּת
אֵתָם
פִּי הַחִירֹת – ק׳ יַם סוּף
מָרָה
אֵילִם
יַם סוּף
מִדְבַּר סִין
דָּפְקָה
אָלוּשׁ
רְפִידִם
מִדְבַּר סִינָי
קִבְרֹת הַתַּאֲוָה
חֲצֵרֹת
רִתְמָה
רִמֹּן פָּרֶץ
לִבְנָה
רִסָּה
קְהֵלָתָה
הַר שָׁפֶר
חֲרָדָה
מַקְהֵלֹת
תָּחַת
תָּרַח
מִתְקָה
חַשְׁמֹנָה
מֹסֵרוֹת
בְּנֵי יַעֲקָן
חֹר הַגִּדְגָּד
יָטְבָתָה
עַבְרֹנָה
עֶצְיֹן גָּבֶר
מִדְבַּר צִן (קָדֵשׁ)
הֹר הָהָר בִּקְצֵה אֶרֶץ אֱדוֹם
– וְשָׁם מֵת אַהֲרֹן
צַלְמֹנָה
פּוּנֹן
אֹבֹת
עִיֵּי הָעֲבָרִים
דִּיבֹן גָּד
עַלְמֹן דִּבְלָתָיְמָה
הָרֵי הָעֲבָרִים
מוֹאָב

דְּבָרִים

א. תּוֹכֵחַת מֹשֶׁה ב. אֶרֶץ שֵׂעִיר, מוֹאָב, עַמּוֹן ג. מִלְחֶמֶת עוֹג

א.

- תּוֹכֵחַת מֹשֶׁה
  - בַּמִּדְבָּר: שֶׁהִכְעִיסוּהוּ שָׁם בְּאוֹמְרָם "מִי יִתֵּן מוּתֵנוּ" (שְׁמוֹת טז:ג)
  - בָּעֲרָבָה: בְּבַעַל פְּעוֹר (בַּמִּדְבָּר כה)
  - מוֹל סוּף: "הֲמִבְּלִי אֵין קְבָרִים בְּמִצְרַיִם" (שְׁמוֹת יד:יא)
  - תֹּפֶל וְלָבָן: שֶׁתָּפְלוּ עַל הַמָּן שֶׁהוּא לָבָן (בַּמִּדְבָּר כא:ה)
  - חֲצֵרוֹת: מַחְלֹקֶת שֶׁל קֹרַח שֶׁהָיָה לָהֶם לִלְמֹד מִלשה"ר שֶׁל מִרְיָם (בַּמִּדְבָּר טז)
  - דִּי זָהָב: עַל הָעֵגֶל (שְׁמוֹת לב)
- בִּשְׁנַת הַ-מ׳ ב"י חָנוּ בְּעֵבֶר הַיַּרְדֵּן וּמֹשֶׁה דִּבֵּר דְּבָרָיו הָאַחֲרוֹנִים
- ע׳ לָשׁוֹן
- א"י יְרוּשַּׁת ב"י לְעוֹלָם
- "לֹא אוּכַל לְבַדִּי שְׂאֵת אֶתְכֶם"
- בִּרְכַּת מֹשֶׁה: "ה׳... יוֹסֵף עֲלֵיכֶם כָּכֶם אֶלֶף פְּעָמִים"
- אֲנָשִׁים חֲכָמִים שָׁם בִּמְקוֹמוֹ – שָׂרֵי אֲלָפִים, מֵאוֹת, חֲמִשִּׁים, עֲשָׂרוֹת (יְסוֹד הַדָּבָר: שֶׁיֵּשׁ מַשְׁפִּיעַ לְכָל אֶחָד וְאֶחָד)
- דִּינֵי דַּיָּנִים
- י"ב מְרַגְּלִים — לִמְנוֹת אִישׁ זְרוֹעַ
- "וּבַמִּדְבָּר אֲשֶׁר רָאִיתָ"
- "וּבְדָבָר הַזֶּה אֵינְכֶם מַאֲמִנִים בַּה׳ אֱלֹקֵיכֶם" (שֶׁהוּא אוֹהֵב אֶתְכֶם תָּמִיד)
- גְּזֵרַת מ׳ שָׁנָה
- גְּזֵרָה עַל מֹשֶׁה שֶׁלֹּא יִכָּנֵס לָאָרֶץ
- וַיֵּצֵא הָאֱמֹרִי (עֲמָלֵק)
- ב"י הָיוּ בְּקָדֵשׁ י"ט שָׁנָה

ב.

- כְּשֶׁתַּעַבְרוּ "בִּגְבוּל אֲחֵיכֶם בְּנֵי עֵשָׂו... אַל תִּתְגָּרוּ בָם... יְרֻשָּׁה לְעֵשָׂו"
- מ' שָׁנָה... "לֹא חָסַרְתָּ דָּבָר"
- "אַל תִּתְגָּר" בִּבְנֵי מוֹאָב (מִלְחָמָה) – יְרוּשָׁה לִבְנֵי לוֹט
- מִזְּמַן שֶׁעָבְרוּ אֶת קָדֵשׁ בַּרְנֵעַ עַד שֶׁעָבְרוּ אֶת נַחַל זֶרֶד ל"ח שָׁנָה
- "אַל תִּתְגָּר בִּבְנֵי עַמּוֹן" – יְרוּשָׁה לִבְנֵי לוֹט
- שָׁלַחְתִּי לְסִיחוֹן וְלֹא נָתַן רְשׁוּת
- מִלְחָמָה עִם סִיחוֹן מֶלֶךְ חֶשְׁבּוֹן

ג.

- מִלְחָמָה עִם עוֹג
- מַמְלֶכֶת עוֹג נִתַּן לַחֲצִי שֵׁבֶט מְנַשֶּׁה
- חִזּוּק לִיהוֹשֻׁעַ שֶׁהוּא יִכָּנֵס לְא"י וְיַצְלִיחַ בַּמִּלְחָמוֹת וְשֶׁ"לֹא תִּירָאוּם"

וְאֶתְחַנַּן

ג. וְאֶתְחַנַּן
ד. יְסוֹדֵי הָאֱמוּנָה
ה. עֲשֶׂרֶת הַדִּבְּרוֹת
ו. שְׁמַע
ז. ז׳ עַמִּים, עַם סְגֻלָּה

ג.

- וְאֶתְחַנַּן
- ״אַל תּוֹסֶף דַּבֵּר אֵלַי עוֹד״
- מֹשֶׁה רָאָה א״י מֵרֹאשׁ הַפִּסְגָּה
- צָו לִיהוֹשֻׁעַ לְהַנְחִיל אוֹתָם

ד.

- שְׁמַע אֶל הַחֻקִּים וְהַמִּשְׁפָּטִים לַעֲשׂוֹת וְלִשְׁמֹר אֶת הַמִּצְוֹת
- ״אַתֶּם הַדְּבֵקִים בַּה׳״
- ״מִי גוֹי גָּדוֹל אֲשֶׁר לוֹ אֱלֹקִים קְרֹבִים אֵלָיו כַּה׳ אֱלֹקֵינוּ בְּכָל קָרְאֵנוּ אֵלָיו״
- אַל תִּשְׁכַּח מַתַּן תּוֹרָה: ״רַק הִשָּׁמֶר לְךָ וּשְׁמֹר נַפְשְׁךָ מְאֹד פֶּן תִּשְׁכַּח אֶת הַדְּבָרִים אֲשֶׁר רָאוּ עֵינֶיךָ..״
- אַזְהָרָה נֶגֶד ע״ז שֶׁל תַּבְנִית אוֹ שֶׁמֶשׁ וְיָרֵחַ וְכוֹכָבִים
- אַזְהָרָה עַל הַגָּלוּת
- ״וְשַׁבְתָּ עַד ה׳ אֱלֹקֶיךָ... וְשָׁמַעְתָּ בְּקֹלוֹ״
- נְבוּאָה שֶׁלֹּא יִהְיֶה עוֹד מַתַּן תּוֹרָה לְעוֹלָם
- מַתַּן תּוֹרָה וִיצִיאַת מִצְרַיִם – ״כִּי שְׁאַל נָא... הֲנִהְיָה כַּדָּבָר הַגָּדוֹל הַזֶּה אוֹ הֲנִשְׁמַע כָּמֹהוּ?״
- אֵין עוֹד מִלְּבַדּוֹ
- ״וְיָדַעְתָּ הַיּוֹם וַהֲשֵׁבֹתָ אֶל לְבָבֶךָ ...״
- שְׁמִירַת הַמִּצְוֹת – אֲרִיכוּת יָמִים
- ג׳ עָרֵי מִקְלָט בְּעֵבֶר הַיַּרְדֵּן

ה.

- כֻּלָּנוּ עָמַדְנוּ בְּהַר סִינָי
- ״פָּנִים בְּפָנִים דִּבֶּר ה׳ עִמָּכֶם בָּהָר״ (לְהִתְאַוּוֹת)
- עֲשֶׂרֶת הַדִּבְּרוֹת
- כְּתִיבַת הַלּוּחוֹת
- ב״י בִּקְשׁוּ שֶׁה׳ יְלַמֵּד אֶת מֹשֶׁה וְאח״כ מֹשֶׁה יְלַמֵּד אוֹתָם
- ה׳ הִסְכִּים
- ״מִי יִתֵּן וְהָיָה לְבָבָם ...״

ו.

- תַּכְלִית הַמִּצְוֹת – ״לְמַעַן תִּירָא אֶת ה״...׳
- שְׁמַע
  - ה׳ אֱלֹקֵינוּ (אֶחָד)
  - ה׳ אֶחָד בְּאַהֲבָתֵנוּ – בֵּין לְטוֹבָה וּבֵין לְרָעָה (׳אַהֲבַת ר)
  - צָרִיךְ לֶאֱהֹב אֶת ה׳ בְּכָל מַחְשָׁבָה וּבְשָׁעַת הַמִּיתָה וּבְכָל מָמוֹנְךָ וּבְכָל מִדָּה שֶׁהוּא מוֹדֵד לְךָ – בֵּין מִדָּה טוֹבָה וּבֵין מִדָּה פּוּרְעָנוּת
  - חִיּוּב לִלְמֹד תּוֹרָה כְּדֵי לְלַמֵּד (לִלְמֹד וּלְלַמֵּ)
  - אֵיךְ לְלַמֵּד לְתַלְמִידִים וּלְבָנִים (קְרִיאַת שְׁמַ)
  - וְדִבַּרְתָּ בָּם
  - בְּשִׁבְתְּךָ בְּבֵיתֶךָ
  - וּבְלֶכְתְּךָ בַדֶּרֶךְ
  - וּבְשָׁכְבְּךָ
  - וּבְקוּמֶךָ (תְּפִלִּ)
  - תְּפִלִּין שֶׁל יָד וְשֶׁל רֹאשׁ (תְּפִלִּ)
  - כְּתִיבַת מְזֻזוֹת (מְזוּזָ)
- ה׳ יְבִיאֲךָ לְאֶרֶץ מוּכָן
- ״אֹתוֹ תַעֲבֹד״
- שֶׁלֹּא לְנַסּוֹתוֹ (לנסו)
- ״כִּי יִשְׁאָלְךָ בִנְךָ... עֲבָדִים הָיִינוּ״

ז.

- ז׳ עַמִּים (לְהַחֲרִי)
- אַזְהָרָה מִלְּהִתְחַתֵּן עִם הַגּוֹיִם (יָ / חֲתֻנּוֹ)
- ״בְּךָ בָּחַר ה׳ אֱלֹקֶיךָ לִ הִיוֹת לוֹ לְעַם סְגֻלָּה״
- נֶאֱמָן ה׳ לִתֵּן שָׂכָר וָעֹנֶשׁ

עֵקֶב

ז.	עֵקֶב תִּשְׁמְעוּן – שָׂכָר
ח.	זָכַרְתָּ הַדֶּרֶךְ וְנִסָּיוֹן שֶׁל עֲשִׁירוּת
ט.	לֹא מִפְּנֵי צִדְקָתְךָ... אֶלָּא תִּזְכֹּר אֶת הַחֻצְפָּה שֶׁלָּכֶם!
י.	לוּחוֹת שְׁנִיּוֹת, וְעַתָּה יִשְׂרָאֵל מָה ה' שׁוֹאֵל מֵעִמָּךְ
יא.	וְהָיָה אִם שָׁמֹעַ

ז.

- עֵקֶב תִּשְׁמְעוּן - שָׂכָר
- לֹא תִּירָא מִשּׂוֹנְאֶיךָ
- תִּזְכֹּר יְצִיאַת מִצְרַיִם
- הַצִּרְעָה יְשַׁלַּח ה'
- וְנָשַׁל... אֶת הַגּוֹיִם... מְעַט מְעַט

צִפּוּי לֵהָנוֹת

ח.

- שְׁמִירַת הַמִּצְוֹת
- "וְזָכַרְתָּ אֶת כָּל הַדֶּרֶךְ..." מ' שָׁנָה בַּמִּדְבָּר
- תַּכְלִית מ' שָׁנָה בַּמִּדְבָּר "לְנַסֹּתְךָ לָדַעַת... הֲתִשְׁמֹר מִצְוֹתָיו אִם לֹא.. [וּ]לְמַעַן הוֹדִיעֲךָ כִּי לֹא עַל הַלֶּחֶם לְבַדּוֹ יִחְיֶה..."
- הקב"ה כְּמוֹ אָב אֲשֶׁר יְיַסֵּר אֶת בְּנוֹ
- שִׁבְחֵי א"י
- בִּרְכַּת הַמָּזוֹן
- נִסָּיוֹן הָעֲשִׁירוּת "וְאָמַרְתָּ בִּלְבָבֶךָ כֹּחִי וְעֹצֶם יָדִי עָשָׂה לִי אֶת הַחַיִל הַזֶּה"
- אִם תִּשְׁכַּח ה'
- "הַעִדֹתִי בָכֶם... אַבֵּד תֹּאבֵדוּן"

בְּרָכוֹת

ט.

- הַיּוֹם אַתֶּם עוֹבְרִים אֶת הַיַּרְדֵּן לְא"י
- ה' הוּא יַכְנִיעַ שׂוֹנְאֶיךָ
- אַל תֹּאמַר בְּצִדְקָתִי וּבְרִשְׁעַת הַגּוֹיִם ה' הֱבִיאַנִי לְא"י אֶלָּא הַשְּׁבוּעָה לָאָבוֹת
- "זְכֹר אַל תִּשְׁכַּח אֶת אֲשֶׁר הִקְצַפְתָּ"
- חֵטְא הָעֵגֶל וּשְׁבִירַת הַלּוּחוֹת
- תְּפִלַּת מֹשֶׁה מ' יוֹם – "וַיִּשְׁמַע ה' אֵלַי"

- מַקְצִיפִים:
  - בְּתַבְעֵרָה – בָּשָׂר
  - מַסָּה – "הֲיֵשׁ ה' בְּקִרְבֵּנוּ אִם אָיִן"
  - קִבְרוֹת הַתַּאֲוָה – בָּשָׂר
  - קָדֵשׁ בַּרְנֵעַ – מְרַגְּלִים
- "מַמְרִים הֱיִיתֶם"
- תְּפִלַּת מֹשֶׁה לְהַצִּיל אֶת ב"י

י.

- לוּחוֹת שְׁנִיוֹת
- מֹשֶׁה הִזְכִּיר מַסָּעוֹת ב"י
- מֹשֶׁה הִזְכִּיר מִיתַת אַהֲרֹן
- וְעַתָּה יִשְׂרָאֵל מָה ה' אֱלֹקֶיךָ שׁוֹאֵל מֵעִמָּךְ?"
  - לְיִרְאָה
  - לָלֶכֶת בְּכָל דְּרָכָיו
  - לְאַהֲבָה
  - לַעֲבֹד בְּכָל לְבָבְךָ וּבְכָל נַפְשֶׁךָ
  - לִשְׁמֹר מִצְוֹתָיו וְחֻקּוֹתָיו
  - לְטוֹבָתְךָ
- "וּמַלְתֶּם אֶת עָרְלַת לְבַבְכֶם"

יִרְאַת ה'
תְּפִלָּה [חינוך]
לְהִדַּבֵּק
אֱמֶת

יא.

- מֹשֶׁה הִזְכִּיר יְצִיאַת מִצְרַיִם – קְרִיעַת יַם סוּף – דָּתָן וַאֲבִירָם
- אַחְרָיוּת יְשִׁיבַת א"י
- "וְהָיָה אִם שָׁמֹעַ תִּשְׁמְעוּ..."
  - שְׁמִיעַת הַמִּצְוֹת
  - הַיּוֹם
  - לְאַהֲבָה אֶת ה'
  - לְעָבְדוֹ בְּכָל לְבַבְכֶם וּבְכָל נַפְשְׁכֶם
  - נָתַתִּי מְטַר – דְּגָנְךָ תִּירוֹשְׁךָ וְיִצְהָרֶךָ, עֵשֶׂב, וְאָכַלְתָּ וְשָׂבָעְתָּ
  - הִשָּׁמְרוּ לָכֶם פֶּן יִפְתֶּה לְבַבְכֶם
  - חָרָה אַף ה' – וְעָצַר הַשָּׁמַיִם, לֹא תִתֵּן יְבוּלָהּ, אֲבַדְתֶּם מְהֵרָה
  - שַׂמְתֶּם דְּבָרַי עַל לְבַבְכֶם
  - יְדֵיכֶם – תְּפִלִּין
  - בֵּין עֵינֵיכֶם –תְּפִלִּין
  - לִמַּדְתֶּם אֶת בְּנֵיכֶם
  - לְדַבֵּר בָּם
  - מְזֻזוֹת
- אִם תִּשְׁמְרוּ לַחֲזֹר עַל לִמּוּדְךָ לַעֲשׂוֹת אֶת הַמִּצְוֹת מֵאַהֲבַת ה' אָז "וִירִשְׁתֶּם גּוֹיִם גְּדוֹלִים וַעֲצֻמִים מִכֶּם... פַּחְדְּכֶם וּמוֹרַאֲכֶם יִתֵּן ה' אֱלֹקֵיכֶם" עֲלֵיהֶם

רְאֵה

יא.	רְאֵה... לִפְנֵיכֶם הַיּוֹם בְּרָכָה וּקְלָלָה
יב.	17 מִצְוֹת
יג.	נָבִיא שֶׁקֶר – מֵסִית – עִיר נִדַּחַת
יד.	סִימָנֵי כַּשְׁרוּת וּמַעַשְׂרוֹת
טו.	שְׁמִטָּה – צְדָקָה – מְנִיקַת הָעֶבֶד
טז.	פֶּסַח – שָׁבוּעוֹת – סֻכּוֹת

יא.
- בְּרָכָה אִם תִּשְׁמְעוּ
- קְלָלָה אִם לֹא תִּשְׁמְעוּ
- בְּרָכָה – הַר גְּרִזִים
- קְלָלָה – הַר עֵיבָל
- אַזְהָרָה לִשְׁמִירַת הַמִּצְוֹת

יב.
- 17 מִצְוֹת

-	לְאַבֵּד ע"ז	לְאַבֵּד
-	שֶׁלֹּא לְאַבֵּד שֵׁם ה'	לְאַבֵּד
-	נְדָרָיו לבהמ"ק	נְדָרָיו
-	שֶׁלֹּא לְהַקְרִיב חוּץ	לִשְׁחֹט חוּץ
-	קָרְבָּנוֹת בְּבֵית הַבְּחִירָה	לְהַקְרִיב חוּץ
-	לִפְדּוֹת פְּסוּלֵי מֻקְדָּשִׁים	לִפְדּוֹת
-	דָּגָן	דָּגָן
-	יַיִן	תִּירוֹשׁ
-	שֶׁמֶן	יִצְהָר
-	בְּכוֹר בְּהֵמָה חוּץ	חוּץ
-	שֶׁלֹּא לֶאֱכֹל חוּץ	חוּץ
-	בְּשַׂר הָעוֹלָה לֹא תֹּאכַל	בָּשָׂר
-	קִ' קַלִּים קֹדֶם זְרִיקָה	
-	שֶׁלֹּא לֶאֱכֹל בִּכּוּרִים קֹדֶם הֲנָחָה	חוּץ
-	שֶׁלֹּא לַעֲזֹב הַלֵּוִי	לַעֲזֹב
-	שְׁחִיטָה	לִשְׁחֹט
-	אֵבֶר מִן הַחַי	אֵבֶר

- הִשָּׁמֶר לְךָ... פֶּן תִּנָּקֵשׁ אַחֲרֵיהֶם   בֵּית הַבְּחִירָה

יג.

- נָבִיא שֶׁקֶר
- מֵסִית
- עִיר נִדַּחַת

לְהוֹסִיף
לִגְרֹעַ
לִשְׁמֹעַ
לֶאֱהֹב
לִשְׂנֹא
לְהַצִּיל
זְכוּת
חוֹבָה
לְהָסִית
לִדְרֹשׁ
לִשְׂרֹף
לִבְנוֹת
לֵהָנוֹת
לְהִתְגּוֹדֵד
קָרְחָה
פְּסוּל

יד.

- בָּנִים אַתֶּם
  - תִּתְגֹּדְדוּ
  - קָרְחָה
  - פְּסוּלֵי מֻקְדָּשִׁים
- סִימָנֵי כַּשְׁרוּת בִּבְהֵמָה
- סִימָנֵי כַּשְׁרוּת בְּדָגִים
- סִימָנֵי כַּשְׁרוּת בָּעוֹף
- מַעֲשֵׂר שֵׁנִי
- לְהַפְרִישׁ מַעַשְׂרוֹת א׳ עָנִי׳

עוֹף
שֶׁרֶץ הָעוֹף
נְבֵלָה
מַעֲשֵׂר שֵׁנִי
לְהַפְרִישׁ

טו.

- שְׁמִטָּה
  - שָׁמוֹט
  - לָגֹשׂ
  - נָכְרִי
  - שֶׁלֹּא יִמַּנַע מִלִּתֵּן צְדָקָה
  - צְדָקָה
  - שֶׁלֹּא יִמָּנַע מִלִּתֵּן הַלְוָאָה לַלֹּוֶה בְּעֶרֶב שְׁמִטָּה
- צְדָקָה
- מְנִיקַת הָעֶבֶד
  - רֵיקָם
  - לְהַעֲנִיק
- בְּכוֹר בְּהֵמָה
  - מְלָאכָה
  - לָגֹז

תּוֹבֵעַ
נָכְרִי
נִשְׁמָט
יִמְנַע
צְדָקָה
יִמָּנַע

רֵיקָם
לְהַעֲנִיק

מְלָאכָה
לָגֹז

טז.

- שָׁלֹשׁ רְגָלִים

ו׳ שָׁעוֹת
תּוֹתִירוּ
זָר
לִשְׂמֹחַ
לְהֵרָאוֹת

שׁוֹפְטִים

טז. שׁוֹפְטִים
יז. ע״ז – סַנְהֶדְרִין – מֶלֶךְ
יח. מַתְנוֹת כְּהֻנָּה, נָבִיא שֶׁקֶר
יט. עָרֵי מִקְלָט
כ. מִלְחָמָה
כא. עֶגְלָה עֲרוּפָה

טז.

- שׁוֹפְטִים וְשׁוֹטְרִים
- אֲשֵׁרָה - מַצֵּבָה

לִמְנוֹת
אֲשֵׁרָה
מַצֵּבָה

יז.

- ב׳ מוּם עוֹבֵר
- ע׳ ע״ז וְעָנְשׁוֹ
- סַנְהֶדְרִין– לֹא תָסוּר
- הָעוֹבֵר עַל דִּבְרֵי חֲכָמִים חַיָּב מִיתָה
- דִּינֵי מֶלֶךְ יִשְׂרָאֵל

עוֹבֵר

סַנְהֶדְרִין
לָסוּר
מֶלֶךְ
גֵּר
סוּסִים
לָשׁוּב
נָשִׁים
כֶּסֶף
סֵפֶר תּוֹרָה

יח.

- שֵׁבֶט לֵוִי כֹּהֲנִים וּלְוִיִּם אֵין לָהֶם נַחֲלָה וּבִזָּה
- מַתְנוֹת כְּהֻנָּה
- מִשְׁמָרוֹת
- תּוֹעֲבַת הַגּוֹיִם
- תָּמִים תִּהְיֶה
- נָבִיא ה׳ תִּשְׁמְעוּן
- נָבִיא שֶׁקֶר יָמוּת
- נָבִיא הַמִּתְנַבֵּא ע״ז
- אֵיכָה נֵדַע בֵּין נָבִיא אֱמֶת לְשֶׁקֶר

נַחֲלָה
בִּזָּה
זְרוֹעַ
תְּרוּמָה גְדוֹלָה
רֵאשִׁית הַגֵּז
מִשְׁמָרוֹת
לִקְסֹם
לְכַשֵּׁף
לְחַבֵּר
אוֹב
יִדְעוֹנִי
לִדְרֹשׁ
לִשְׁמֹעַ
שֶׁקֶר
לְהִתְנַבֵּא
לַהֲרֹג

יט.

- דִּינֵי עָרֵי מִקְלָט
- דִּינֵי רוֹצֵחַ
- הַסָּגַת גְּבוּל
- עֵדִים – עֵד אֶחָד וּשְׁנֵי עֵדִים
- זוֹמְמִים

מִקְלָט
לָחוּס
גְּבוּל
א׳
זוֹמֵם

כ.

- כִּי תֵצֵא לַמִּלְחָמָה
- כֹּהֵן מָשִׁיחַ
- אַל תִּירָאוּ
- מִי הָאִישׁ
  - בַּיִת חָדָשׁ
  - נָטַע כֶּרֶם
  - אֵרַשׂ אִשָּׁה
  - הַיָּרֵא וְרַךְ הַלֵּבָב
- שָׁלוֹם לָעִיר
- מִלְחָמָה – תִּקַּח הַנָּשִׁים – טָף – בְּהֵמָה – שָׁלָל
- לְהַחֲרִים ז׳ עַמִּים כְּדֵי שֶׁלֹּא יִלְמְדוּ מִמַּעֲשֵׂיהֶם הַמְּתֹעָבִים
- אַל תַּשְׁחִית עֵץ מַאֲכָל

לַעֲרֹץ
כֹּהֵן
שָׁלוֹם
נְשָׁמָה
אִילָנֵי

כא.

- כִּי יִמָּצֵא חָלָל
- דִּינֵי עֶגְלָה עֲרוּפָה

עֶגְלָה
עֲבוֹדָה

כִּי תֵצֵא

כא. יְפַת תֹּאַר - בֵּן סוֹרֵר
כב. 21 מִצְוֹת
כג. 20 מִצְוֹת
כד. 15 מִצְוֹת
כה. יִבּוּם – זֵכֶר עֲמָלֵק

כא.

- דִּינֵי יְפַת תֹּאַר
- ב׳ נָשִׁים - פִּי ב׳ לִבְכוֹר הַשְּׂנוּאָה
- בֵּן סוֹרֵר וּמוֹרֶה
- וְתָלִיתָ

יְפַת
תִּמָּכֵר
לְהַעֲבִידָהּ

סוֹרֵר
לִתְלוֹת
לְהָלִין
לִקְבֹּר

כב.

- הֲשָׁבַת אֲבֵדָה
- לִטְעוֹן
- כְּלִי גֶּבֶר וְאִשָּׁה
- שִׁלּוּחַ הַקֵּן
- מַעֲקֶה
- שַׁעַטְנֵז
- צִיצִת
- מוֹצִיא שֵׁם רָע
- אִם אֱמֶת הָיָה הַדָּבָר
- אֵשֶׁת אִישׁ
- נַעֲרָה מְאֹרָשָׂה בָּעִיר
- נַעֲרָה מְאֹרָשָׂה בַּשָּׂדֶה
- אֲנוּסָה... לֹא יוּכַל שַׁלְּחָהּ

לְהָשִׁיב
לְהִתְעַלֵּם
חֲבֵרוֹ
לִטְעֹן
אֲנָשִׁים
נָשִׁים
שִׁלּוּחַ
שִׁלּוּחַ
מַעֲקֶה
מִכְשׁוֹל
תְּבוּאָה
כִּלְאֵי הַכֶּרֶם
מְלָאכָה
שַׁעַטְנֵז
כְּתֻבָּה
מוֹצִיא שֵׁם רַע
מוֹצִיא שֵׁם רַע
סְקִילָה
אָנוּס
אוֹנֵס
אוֹנֵס

כג.

- אֵשֶׁת אָבִיו
- סָרִיס
- מַמְזֵר
- עַמּוֹנִי וּמוֹאָבִי
- אֲדֹמִי וּמִצְרִי
- מַחֲנֶךָ קָדוֹשׁ
- לֹא תַסְגִּיר עֶבֶד
- אִשָּׁה בְּלֹא כְּתֻבָּה
- רִבִּית
- נֶדֶר
- פּוֹעֵל בְּכֶרֶם
- פּוֹעֵל בְּקָמַת

כד.

- גֵּט
- שָׁנָה רִאשׁוֹנָה
- גּוֹנֵב נְפָשׁוֹת
- זְכִירַת מִרְיָם
- מַשְׁכּוֹן
- שְׂכַר שָׂכִיר
- אָבוֹת עַל בָּנִים
- גֵּר וְיָתוֹם
- שִׁכְחָה
- זַיִת - עֲנָבִים

כה.

- מַלְקוֹת
- לַחְסֹם
- יִבּוּם
- כִּי יִנָּצוּ אֲנָשִׁים
- אִסּוּר אֶבֶן - לְמַעַן יַאֲרִיכוּ יָמֶיךָ
- מִשְׁקַל צֶדֶק
- זָכוֹר - עֲמָלֵק

סָרִיס
מַמְזֵר
עַמּוֹן וּמוֹאָב
עַמּוֹן וּמוֹאָב
אֱדוֹם
מִצְרִי
יִכָּנֵס טָמֵא
לְתַקֵּן
לְתַקֵּן
לְהַסְגִּיר
לְהוֹנוֹת
כְּתֻבָּה
אֶתְנָן וּמְחִיר
רִבִּית
נָכְרִי
יְאַחֵר
לְקַיֵּם
אֲכִילָה
פּוֹעֵל יוֹלִיךְ
אֲכִילַת שָׂכִיר

גֵּט
יַחֲזִיר
שָׁנָה א׳
שָׁנָה א׳

כְּלִי
יְסַלֵּק
מַשְׁכּוֹן בִּזְרוֹעַ
מַשְׁכּוֹן יְאַחֵר
מַשְׁכּוֹן לְהַחֲזִיר
בְּיוֹמוֹ
קָרוֹב
גֵּר יָתוֹם
אַלְמָנָה
שִׁכְחָה
שִׁכְחָה

מַלְקוֹת
יוֹסִיף
יַחְסֹם
זָר
יִבּוּם
חֲלִיצָה
לְהַצִּיל
לָחוּס
בְּיָדוֹ
לִזְכֹּר
לִמְחוֹת
לִשְׁכֹּחַ

כִּי תָבוֹא

כו. בִּכּוּרִים – וִדּוּי מַעֲשֵׂר
כז. כְּתִיבַת אֲבָנִים – הַר עֵיבָל – קְלָלוֹת אָמֵן
כח. בְּרָכוֹת – תּוֹכֵחוֹת
כט. אַתֶּם רְאִיתֶם...

כו.

- בִּכּוּרִים
- קְרִיאַת בִּכּוּרִים
- וִדּוּי מַעֲשֵׂר
- "הַשְׁקִיפָה מִמְּעוֹן קָדְשְׁךָ..."
- שְׁמִירַת הַמִּצְוֹת וְהָלַכְתָּ בִּדְרָכָיו
- "הֶאֱמִירְךָ הַיּוֹם לִהְיוֹת לוֹ לְעַם סְגֻלָּה"

לִקְרֹא

וִדּוּי מַעֲשֵׂר
אֲנִינוּת
טֻמְאָה
יִפְדֶּה

כז.

- כְּתִיבַת הַתּוֹרָה ע' לָשׁוֹן בָּאֲבָנִים
- בִּנְיַן מִזְבֵּחַ עַל הַר עֵיבָל
- הַיּוֹם הַזֶּה נִהְיֵיתָ לְעָם
- הַעֲמָדַת ו' שְׁבָטִים עַל הַר גְּרִזִּים לִבְרָכָה – שִׁמְעוֹן, לֵוִי, יְהוּדָה, יִשָּׂשכָר, יוֹסֵף, בִּנְיָמִין
- הַעֲמָדַת ו' שְׁבָטִים עַל הַר עֵיבָל לִקְלָלָה – רְאוּבֵן, גָּד, אָשֵׁר, זְבוּלֻן, דָּן, נַפְתָּלִי
- יב' קְלָלוֹת
  - 1 פֶּסֶל בְּסֵתֶר
  - 2 קִלְלַת אוי"א
  - 3 מֵסִיג גְּבוּל
  - 4 מַשְׁגֶּה עִוֵּר
  - 5 מַטֶּה מִשְׁפַּט גֵּר – יָתוֹם – אַלְמָנָה
  - 6 אֵשֶׁת אָבִיו
  - 7 שׁוֹכֵב עִם בְּהֵמָה
  - 8 אֲחוֹתוֹ
  - 9 חֹתַנְתּוֹ
  - 10 מַכֵּה רֵעֵהוּ בְּסֵתֶר הי' לָשׁוֹן הָרָע
  - 11 שֹׁחַד לְדַיָּן וְיָמוּת אָדָם
  - 12 אָרוּר אֲשֶׁר לֹא יָקִים אֶת דִּבְרֵי הַתּוֹרָה הַזֹּאת לַעֲשׂוֹת אוֹתָם

כח.

- הַבְּרָכוֹת
- וְהָלַכְתָּ בִּדְרָכָיו — לְהִדַּמּוֹת
- תּוֹכֵחוֹת
- תַּחַת אֲשֶׁר לֹא עָבַדְתָּ אֶת ה׳ אֱלֹקֶיךָ בְּשִׂמְחָה...
- אֵלֶּה דִּבְרֵי הַבְּרִית

כט.

- אַתֶּם רְאִיתֶם
- לֹא נָתַן ה׳ לָכֶם לֵב לָדַעַת...
- מִי שָׁנָה
  - לֹא בָלוּ שַׂלְמֹתֵיכֶם
  - נַעַלְךָ לֹא בָלְתָה
  - לֶחֶם לֹא אֲכַלְתֶּם
  - יַיִן וְשֵׁכָר לֹא שְׁתִיתֶם
- לְמַעַן תֵּדְעוּ כִּי אֲנִי ה׳ אֱלֹקֵיכֶם

נִצָּבִים

כט. אַתֶּם נִצָּבִים הַיּוֹם
ל. תְּשׁוּבָה וְקִבּוּץ גָּלוּיוֹת – וּבָחַרְתָּ בַּחַיִּים

כט.

- אַתֶּם נִצָּבִים הַיּוֹם כֻּלְּכֶם
- וְלֹא אִתְּכֶם לְבַדְּכֶם אָנֹכִי כֹּרֵת אֶת הַבְּרִית... פֶּן יֵשׁ בָּכֶם אִישׁ אוֹ אִשָּׁה אוֹ מִשְׁפָּחָה אוֹ שֵׁבֶט
- וְאָמְרוּ כָּל הַגּוֹיִם לָמָּה עָשָׂה ה׳ כָּכָה? וְאָמְרוּ עַל עָזְבוּ אֶת בְּרִית ה׳
- הַנִּסְתָּרֹת לה׳... וְהַנִּגְלֹת לָנוּ וּלְבָנֵינוּ עַד עוֹלָם לַעֲשׂוֹת אֶת כָּל דִּבְרֵי הַתּוֹרָה הַזֹּאת

ל.

- תְּשׁוּבָה לֶעָתִיד
- קִבּוּץ גָּלוּיוֹת
- תּוֹרָה אֵינָהּ רְחוֹקָה – לֹא בַשָּׁמַיִם הִיא וְלֹא מֵעֵבֶר לַיָּם כִּי קָרוֹב אֵלֶיךָ הַדָּבָר מְאֹד בְּפִיךָ וּבִלְבָבְךָ לַעֲשׂתוֹ
- וּבָחַרְתָּ בַּחַיִּים

וַיֵּלֶךְ

לא. דִּבְרֵי חִזּוּק לִיהוֹשֻׁעַ

לא.

- 120 שָׁנָה אָנֹכִי הַיּוֹם
- יְהוֹשֻׁעַ הוּא עֹבֵר לְפָנֶיךָ
- חִזְקוּ וְאִמְצוּ אַל תִּירְאוּ
- דִּבְרֵי חִזּוּק לִיהוֹשֻׁעַ
- מֹשֶׁה כָּתַב ס״ת לָאָרוֹן וּלְכָל הַשְּׁבָטִים לְהַקְהִיל
- הַקְהֵל
- הקב״ה אָמַר לְמֹשֶׁה שֶׁלֶּעָתִיד ב״י יַעַבְדוּ ע״ז
- ״וְאָנֹכִי הַסְתֵּר אַסְתִּיר פָּנַי״
- כְּתִיבַת שִׁירָה הַזֹּאת פִּי הַאֲזִינוּ סֵפֶר תּוֹרָה
- נָתַן ס״ת שָׁלֵם עִם הָאָרוֹן לְעֵדוּת

הַאֲזִינוּ

לב. שִׁירַת הַאֲזִינוּ

לב.

- שִׁירַת הַאֲזִינוּ
  - שֶׁבַח ה׳
  - חֶסֶד ה׳
  - נִסָּיוֹן הָעֲשִׁירוּת
  - נְבוּאָה שֶׁבי״י יַעַבְדוּ לֶאֱלֹהִים אֲחֵרִים
  - אַסְתִּירָה פָּנַי מֵהֶם
  - שֶׁקֶר הָעַמִּים
  - מְקוֹר יִסּוּרִין שֶׁל ב״י
  - כִּי יָדִין ה׳ עַמּוֹ
- ״לֹא דָבָר רֵיק הוּא... כִּי הוּא חַיֵּיכֶם״
- מֹשֶׁה עָלָה לְהַר נְבוֹ לָמוּת
- ״עַל אֲשֶׁר לֹא קִדַּשְׁתֶּם אוֹתִי בְּתוֹךְ ב״י״

וְזֹאת הַבְּרָכָה

לג. בִּרְכַּת הַשְּׁבָטִים
לד. מֹשֶׁה מֵת

לג.

- בִּרְכַּת הַשְּׁבָטִים
- רְאוּבֵן
- לֵוִי
- בִּנְיָמִין
- יוֹסֵף
  - אֶפְרַיִם
  - מְנַשֶּׁה
- זְבוּלֻן וְיִשָּׂשכָר
- גָּד
- דָּן
- נַפְתָּלִי
- אָשֵׁר

לד.

- מֹשֶׁה עָלָה לְהַר נְבוֹ
- ה׳ הֶרְאֵהוּ אֶת כָּל א״י
- וַיָּמָת שָׁם מֹשֶׁה עֶבֶד ה׳
- וְלֹא יָדַע אִישׁ אֶת קְבוּרָתוֹ
- 120
- וַיִּבְכּוּ ב״י 30 יוֹם
- וְלֹא קָם נָבִיא עוֹד בְּיִשְׂרָאֵל כְּמֹשֶׁה אֲשֶׁר יְדָעוֹ ה׳ פָּנִים אֶל פָּנִים

BREAKTHROUGH
CHINUCH

קיצור
חמישה
חומשי תורה

9 781943 726257

FERVENTLY INTENSE

UPGRADING YOUR SPIRITUAL ARSENAL FOR VICTORIOUS PRAYERS

LATISHA SHEARER